KB214585

주야로 묵상하는도다

말씀 묵상·읽기·암송 입문서

그리스도인들은 그 책의 사람들, 바로 성경의 사람들입니다. 성경에만 권위를 두고, 성경대로 살며, 성경에 자신을 계시하신 삼위 하나님만을 예배하고 사랑합니다. 이에 **그 책의 사람들**은 하나님께만 영광 돌리고, 하나님의 나라와 교회의 번영과 행복을 위해 성경에 충실한 도서들만을 독자들에게 전하겠습니다.

주야로 묵상하는도다

말씀 묵상 · 읽기 · 암송 입문서

한재술 지음

하나님의 사랑하심을 받고 성도로 부르심을 받은 모든 독자 분께 하나님 우리 아버지와 주 예수 그리스도로부터 은혜와 평강이 있기를 바랍니다.

몇 년 전, 지은이와 함께 기독교 출판사에서 일할 때였습니다. 점심시간이었던 걸로 기억합니다. 둘이 사무실 앞에서 저 멀리 하늘을 바라보며 이런저런 이야기를 하는 중, 지은이가 제게 물었습니다.

"성경 읽기나 공부는 어떻게 하고 계세요?"

그 질문에 이렇게저렇게 제가 했던 방법들을 이야기했습

니다. 지은이는 당시 자신이 하고 있는 방법을 제게 말해 주었고, 주변 사람들은 어떻게 하고 있는지 궁금해했으며, 제게 질문을 한 이유도 좋은 방법이나 습관을 듣고 배우고 싶은 마음에 한 것이었습니다. 그러나 말씀 묵상이나 성경 읽기를 꾸준히 잘 하지 못하고 있던 저는 오히려 지은이에게서 더 큰 도움을 받았습니다. 지은이의 이야기를 들으며 생각했습니다. '아, 이런 사람도 있구나! 그래 마땅한 건데, 난 왜 이럴까……. 신학생도 목회자도 아닌 사람도 이렇게 성경을 읽고, 가까이 하고 사랑하는데……' 제게 큰 도전을 주었던 대화였기에 분명히 기억하고 있습니다. 아마 지은이는 전혀 기억하지 못할 수도 있습니다.

이처럼 지은이는 끊임없이 성경을 가까이 하고, 공부하는 사람이고, 더욱 말씀 앞에서 말씀대로 살고자 고군분투하는 사람입니다. 그때도 아니 그전에도 그랬고, 제가 아는 한 오늘도 그렇습니다.

이 책은 지은이가 이미 써서 출판한 책 세 권처럼 실제 자신의 경험을 이야기하고 있습니다. 그래서 지은이의 글은 더 따뜻하고 정이 가는 듯합니다. 부족하고 연약하지만 늘 소망하는 바가 있는 우리 모습과 마음을 고스란히 담고 있고, 그 모습과 마음을 이해해 주고, 토닥거려 줌으로 위로해 주며, 격려하는 말을 해 주기 때문입니다.

이 책은 바로 성경을 가까이 한 지은이의 삶의 열매 중 하나라고 할 수 있습니다. 특별할 것도, 어려울 것도 없는 내용을 담고 있는 이 작은 책은 말씀 묵상, 읽기, 암송에 대한 입문서이자 실천서입니다. "말씀 묵상이나 읽기, 암송을 어떻게 해야 할까요?" 하고 묻는 이들에게 쉽게 설명하고 있고, 짧은 시간에 읽을 수 있으면서도 곧바로 따라서 할 수 있게 구성되어 있기 때문입니다.

지은이는 "이렇게 하라."가 아니라 늘 그렇듯 이번에도 "함께 하자!"고. "함께 가자!"고 손을 내밉니다. 손잡고 함께 애써서 나아가자고 말입니다. 그러다 보면, 주님의 말씀을 묵상하는 것이 애써야 하는 일이 아니라 어느새 즐거움이, 그것도 가장 큰 즐거움이 되어 하나님을 온전히 예배함으로 영광 돌리게 될 것을 확신하기 때문입니다. 이론이나 생각이 아닌 자신이 깊이 경험했기 때문입니다.

이 책은 이미 성경 읽기나 성경 공부를 잘하고 계신 분들에게는 또 다른 통찰을 드릴 수 있을 것이며, 늘 마음은 있으나 이러저러한 이유로 실천에 옮기지 못하시는 분들이나 잦은 실패로 주저하시는 분들, 아직 해 보지 않으신 분들에게는 자신의 마음을 돌아보아 점검하고, 마음이 찔리고 깨닫는 자리에 머무는 것이 아니라 이제는 실천하는 자리로 나아가는 데 직접적인 안내자 역할을 할 수 있으리라 기대합니다. 지은이는 본문에서 이렇게 말합니다. "이 책은 말씀 묵상(공부)과 읽기와 암송을 연계하여 실천하게끔 하는 책입니다. 말씀 묵상(공부) 따로, 읽기 따로, 암송 따로라고 생각하면 부담이 아주 클 것이고, 실제 신경 쓰거나 할 일도 많을 것입니다. 그러나 이 책에서처럼 말씀 묵상(공부)과 읽기와 암송을 같은 본문으로 함께 진행해 나가면 시간이 절약되고, 방법도 어렵지 않아 부담이 많이 없게 될 것입니다. 또 집중도도 높아지고, 자연스럽게 시너지 효과도 생기게 될 것입니다."

우리 주 예수 그리스도의 은혜가 이 책을 읽는 모든 독자분의 심령에 있기를 바라며!

대표하여 서금옥 올림

하나님의 말씀인 성경은 단지 그리스도인이 되는 데만 필요한 것도, 즉 구원받기 위해서만도, 조금 더 잘 살고자 도움을 얻기 위한 것도 아닙니다. 그리스도인에게 성경은 전부입니다. 모든 것입니다. 그리스도인의 삶은 성경에서 시작하고, 성경으로 말미암고, 성경으로 돌아갑니다. 성경이 없다면 우리는 복음을 듣지 못했을 것입니다. 하나님이 누구신지 알수 없었을 것입니다. 그리스도와 우리는 아무런 상관도 없었을 것입니다. 우리는 죄와 비참 가운데서 영원히 살았을 것입니다. 성경에는 하나님께서 누구신지, 왜 이 세상이 이 모양인지, 우리에게 왜 구원이 필요한지, 어떻게 구원받을 수 있는지

(구원받게 되는지), 구원받은 사람의 표지는 무엇인지, 구원받은 사람이 어떻게 살아야 하는지에 대한 모든 것이 기록되어 있습니다.

따라서 진리를 찾는 사람은 성경을 읽어야 합니다. 자신의 영혼을 위해 진지하게 읽어야 합니다. 구원받은 사람은 당연히 성경을 읽어야 합니다. 성경은 구원받은 사람이 구원받았다는 사실에 만족하고, 더는 진리와 관계없이 사는 것이 아니라 구원받았기 때문에 더욱 진리의 교훈을 기뻐하고 사랑하며, 교훈에 따라 살기 원한다고 말합니다. 바로 성경이 그 진리의 교훈, 영적 생활의 원리, 거룩한 길을 분명하고 자세하게 가르쳐 주고 있기 때문입니다.

그러므로 지속적으로 성경을 읽지 않는 사람은 자신이 거듭났는지 심각하게 고민해야 합니다. 말씀을 기뻐하거나, 말씀을 사랑하여 순종하지 않는 사람은 자신이 중생했는지 진지하게 생각해 봐야 합니다. 성경에 따르면, 그런 사람은 하나님과 관계가 없는 사람일 가능성이 크기 때문입니다.

성경 전체는 성경을 사랑하여 꾸준히 읽고 듣고 묵상하는 것이 신자에게 얼마나 큰 권리요, 의무요, 행복인지를 말합니다. 특히 시편 119편은 이를 가장 아름답게 노래하고 있습니다. 모든 절이 하나님 말씀의 완전함과 탁월함, 능력과 영광에 대해 노래합니다. 하나님 말씀을 사랑하고 순종하는 것이 큰 기쁨과 즐거움이요, 생명 자체라고 말합니다. 시편 1편은 주야로 주의 말씀을 묵상하는 사람이 복 있는 자라고 선언합니다. 우리는 신앙생활하면서 복을 많이 구합니다. 많은 경우 우리가 구하는 복들은 세속적이거나 인간 중심적입니다. 그러나 구원받은 사람은 이미 모든 복을 다 받았습니다. 그리스도께서 복 자체시요, 모든 복의 목적이시요, 모든 복의 총체시기 때문입니다. 그리스도 안에 있는 사람은 모든 것을 가진 사람입니다. 그렇기 때문에 그리스도인은 물질이 부족해도 그리스도 안에서 만족하며 감사하며 살아갑니다. 어려움이 있어도 그리스도 안에서 평안을 누립니다. 하나님께서 주시는 복은 사람에게 세상적인 재물이나 힘을 주시는 것이 아닙니다. 하나님께서 주시는 복은 사람에게 하나님 자신을 주시는 것입니다. 하나님 안에 거하는 것입니다. 하나님을 사랑하고 예배하는 것입니다. 말씀에 따라 순종하며 사는 것입니다. 왜냐하면 그것이 사람의 창조 목적이기 때문입니다.

복 있는 자가 주야로 주님의 말씀을 묵상하는 것은 복에 대한 이런 내용을 말씀만이 우리에게 주기 때문입니다. 복 있는 자는 주야로 주님의 말씀을 묵상할 것입니다. 기뻐하고 즐거워할 것입니다. 배우고 순종하기 원할 것입니다.

그러나 오늘날 믿음 안에 있는 많은 사람이 하나님의 말씀을 묵상하고 사랑하는 일의 필요성과 가치, 유익 등에 대해 잘 배우지 못했거나, 어떻게 묵상하고 배워야 하는지를 몰라 어려움을 겪습니다. 어떤 사람들은 안타깝게도 이 일을 신앙의 핵심적인 일로 생각하지 않고 가볍게 여깁니다. 또 어떤 사람들은 마음은 있으나 많은 어려움과 게으름 등으로 실패한 경험이 있습니다.

이 작은 책은 바로 이런 우리에게 도움이 되기를 바라는 마음에서 기획되었습니다. 이런 무지와 어려움을 저도 겪었습니다. 지금도 겪고 있습니다. 그래서 지금도 계속 배워 가는 중입니다. 더 잘할 수 있기를 원합니다. 이런 고민과 방법들을, 무엇보다 이 귀중함과 유익을 여러분과 함께 고민하고 나누며 실천하기 원합니다.

일반 성도를 위한 입문서인 이 책은 말씀 묵상과 공부, 말씀 읽기, 말씀 암송 등을 실천할 수 있게끔 기획되었습니다. 이 책이 조금이나마 말씀을 사랑하는, 그리스도 안에 있는 모든 사람에게, 또 진리를 간절히 찾는 모든 이에게 도움을 드리길 원합니다.

이 책은 교회에서 목사님과 장로님이, 또 소그룹 리더가 짧은 시간 동안 말씀 묵상의 중요성과 유익을 가르치고, 실천하도록 도전하고 격려하시는 데 도움이 됩니다.

이 책은 부모님이 자녀들을 말씀을 사랑하는 길로 인도하는 데도 유익합니다.

이 책은 개인이 경건에 힘쓰는 데도 유익합니다.

이 책은 가족끼리, 소그룹 지체들끼리 함께 하나님의 말씀을 배우고 사랑하게 하는 데 유익합니다.

1장

말씀 묵상(공부)과
읽기와 암송

왜 말씀을 읽어야 하나요
묵상과 공부·읽기·암송

왜 말씀을 읽어야 하나요

이 세상에서 아무리 탁월한 사람이라도 성경을 읽거나 공부할 필요가 없는 사람은 없습니다. 성경에 담긴 진리도 일부분일 뿐 아니라 우리는 성경에 담긴 진리도 다 알지 못하기 때문입니다. 또 앞서 말씀드린 것처럼, 하나님께서는 사람이 하나님을 믿고 구원에 이르는 유일한 길과 구원받은 사람이 어떻게 살아야 하는지에 대한 모든 교훈과 필요를 성경에 계시하셨기 때문에 그리스도인이라면 누구나 성경을 통해 이런 복된 진리를 알기 원할 것입니다.

말씀을 읽어야 하는 이유

하나님께서 말씀하셨기 때문입니다. 하나님께서 하나님의 백성에게 말씀하셨기 때문입니다. 더는 다른 이유를 열거하지 않아도 될 것입니다. 성경은 하나님의 말씀입니다. 성경만이 하나님의 말씀입니다. 네, 그렇습니다. 그렇기 때문입니다.

하나님께서 명령하셨기 때문입니다. 신명기 6장 4-9절 말씀이 대표적입니다. 하나님께서는 하나님의 백성이 하나님 나라의 법대로 살기 원하십니다. 그래서 하나님의 말씀 안에 하나님의 법을 기록하셨습니다. 따라서 하나님 나라에서 살고자 하는 사람은 하나님의 법을 잘 알아야 하고 지켜야 합니다.

하나님께서는 하나님의 백성이 자신을 알기 원하시고, 하나님과 교제하기 원하십니다. 그래서 하나님께서 어떤 분이신지, 또 어떤 일을 해 오셨고, 하고 계시며, 하실 것인지에 대해 말씀으로 기록하셨습니다. 특별히 하나님께서는 하나님의 백성이 예수 그리스도의 구속 사역을 잘 알기 원하십니다. 죄와 비참 가운데 있는 사람이 하나님을 가장 잘 알 수 있는 길이 바로 예수 그리스도의 구속 사역이기 때문입니다. 하나님의 말씀이 예수 그리스도로 말미암아 우리를 새롭게 하기 때문입니다.

하나님의 말씀은 우리의 영혼을 살찌우고, 우리의 삶을 참 행복으로 인도합니다. 하나님의 말씀만이 그러합니다. 하나님의 말씀은 우리로 참 안식과 평안 가운데 거하게 합니다. 우리로 하여금 거룩한 길을 걷게 합니다. 우리가 죄와 싸울 수 있는 힘과 방법을 알려 줍니다. 그리고 하나님을 사랑하게 해 주며, 주님의 몸 된 교회를 섬기고 교회 안에서 신랑이신 그리스도와 연합하게 합니다. 또 말씀 안에 있는 모든 사람을 하나가 되게 합니다. 서로 기뻐하고 즐거워하게 합니다.

하나님의 말씀이기에 말씀이 우리를 위로할 때 그것은 실제가 됩니다. 교회의 지체가 하나님의 말씀으로 우리를 위로할 때 실제로 위로가 되는 것은 하나님의 말씀이 하나님의 말씀이기 때문입니다. 말씀에 하나님의 능력이 있기 때문입니다.

우리가 믿음을 갖게 되는 것도 하나님의 말씀 때문입니다. "그러므로 믿음은 들음에서 나며 들음은 그리스도의 말씀으로 말미암았느니라"(롬 10:17).

성경과 교회사는 하나님을 사랑하는 사람들의 표지가 바로 성경을 부지런히 읽고, 공부하고, 순종하는 것이라고 말합니다. 우리 선조들은 성경을 강해하고 공부하는 모임을 가져왔습니다. 종교개혁과 미국의 1차 대각성을 보십시오. 부흥의 결과로 여기저기서 성경 공부하는 모임이 일어났습니다. 이것이 성경과 교회사가 말해 주는 것입니다. 이것이 바로 부흥의 결과요, 그리스도인에게 나타나는 열매입니다. 그리스도인은 성경을 읽고 싶어합니다. 순종하고자 합니다. 성경을 심히 사랑합니다. 무엇보다 사랑합니다!

이 모든 이유로(아마 이유에 대한 것만 써도 책 한 권이 될 것입니다.) 우리는 하나님의 말씀을 읽어야 합니다.

묵상과 공부·읽기·암송

앞에서 살펴본 것처럼, 하나님의 말씀을 읽는다는 것, 배운다는 것의 목적은 하나님을 아는 것, 하나님께 순종하기 위한 것입니다. 하나님을 아는 것과 하나님께 순종하는 것은 최종 목적인 하나님을 예배함에 있습니다. 이를 위해 우리는 하나님의 말씀을 읽고 배우는 것입니다. 그런데 우리가 읽는다고 하는 것과 배운다고 하는 것은 묵상과 공부, 읽기, 암송 등으로 구분해서 생각할 수 있습니다. 그래서 우리는 이제부터 이렇게 나누어서 이야기를 나눌 것입니다.

우리 신앙에서 공부와 묵상의 궁극적인 목적은 다르지 않습니다

먼저 저는 이 책에서 말씀을 묵상하는 것과 공부하는 것을 크게 다르지 않은 것으로 보고 구분해서 사용하지 않고 같은 의미로 사용하려고 합니다. 목회자나 신학 교수와 같이 부르심을 받아 교회를 섬기는 직분자들에게는 묵상과 공부가 분명한 차이가 있겠지만, 저와 같은 대부분의 일반 성도에게는 주로 경건이 목적이기에 묵상과 공부를 엄밀히 구분하는 것이 큰 의미가 없다고 생각하기 때문입니다.

묵상은 마음으로 깊이 생각하는 것이라고 할 수 있습니다. 주의하여, 간절히, 깊이, 집중하여 생각하고 마음에 두는 것입니다. 공부는 이해와 지혜를 위해 자세히 살피고 정리하는 것입니다.

여기서 우리가 성경의 일정 분량을 정해 묵상을 한다고 합시다. 우리는 묵상을 위해 자연스럽게 특정 부분에 대한 공부를 합니다. 본문의 배경이나 상황, 특정 단어가 사용된 것에 대한 의도, 이야기의 전개 목적 등에 대한 이해가 없이는 결코 묵상할 수 없기 때문입니다. 때로는 묵상을 한 결과로 공부하게 되는 경우도 있습니다.

반대의 경우도 같습니다. 성경의 일정 분량을 정해 공부를 한다고 합시다. 우리는 본문의 배경이나 상황, 특정 단어가 사용된 것에 대한 의도, 이야기의 전개 목적 등에 대해 이해하게 되면서 하나님의 교훈을 깨닫게 됩니다. 이 공부가 학문적 성취를 위한 것이 아니라 우리의 경건을 위한 것이기 때문에 우리는 이런 이해와 깨달음을 좀 더 집중해서 깊이 생각하면서 찬양하거나 기도할 것입니다.

이처럼 묵상과 공부는 둘 다 하나님을 알고 예배하기 위한 수단과 방법입니다. 의미적으로는 구분할 수 있겠으나 실제 경험에서는 나누어서 생각하는 것이 어렵습니다. 무엇이라고 부르든, 무엇을 목적으로 시작했든 묵상과 공부는 뗄 수 없는 관계가 있고, 이것과 저것을 엄밀히 구분하기가 무척 힘듭니다. 어느 선까지가 묵상이고, 어디부터가 공부인지, 공부하는 중에 언제 묵상하게 되었는지를 나누어서 생각하는 것이 오히려 자연스럽지 않습니다.

따라서 이 책에서는 의미를 좀 더 분명히 하기 위한 이유가 아니라면 묵상과 공부를 함께 묶어서 생각하겠습니다.

읽기와 말씀 암송

성경은 66권으로 구성된 한 책입니다. 그리고 이 한 책 안에 담긴 66권 전체가 다 하나님의 말씀입니다. 따라서 우리는 성경 전체를 읽어야 합니다. 자신이 좋아하는 부분만 읽어서도, 자신에게 익숙한 부분만 읽어서도 안 됩니다. 하나님의 말씀을 우리의 기호에 따라 취사선택해서는 결코 안 됩니다. 굳이 안 읽어도 되는, 꼭 알 필요가 없는 내용이라면 하나님께서 성경에 포함시키지 않으셨을 것입니다. 우리는 단 한 부분, 한 구절, 한 단어라도 가벼이 여기지 말고 경외감을 가지고 성경 전체를 지속적으로 반복해서 읽어야 합니다.

이를 위해 우리 선조들은 여러 방법을 사용해 왔습니다. 근대 이후에 많이 알려진 방법 중 하나는 맥체인식 성경 읽기일 것입니다. 이 성경 읽기법은 로버트 머리 맥체인Robert Murray McCheyne 목사가 자신이 섬기는 양 떼를 목양하기 위해 고안한 방법입니다. 이 방법에 따라 하루에 4장씩 읽게 되면 1년 동안 구약은 1독을, 신약과 시편은 2독을 할 수 있습니다.

평일에는 3장씩, 주일에는 5장씩 읽는 1년 1독 읽기표도 많은 사람이 사용하고 있는 성경 읽기법입니다.

뒤에서는 이 책에서 소개하는 말씀 묵상과 연계하여 조금 다른 성경 읽기법을 독자 여러분께 소개하려 합니다.

말씀 암송도 우리 선조들이 성경을 무척 사랑해서 언제나 말씀으로 노래하고 기도하고 찬양하기 위해 해 왔던 방법입니다. 또 시험에 빠지거나 어려움을 겪을 때 말씀으로 대처하고 승리하기 위해 해 왔던 방법입니다.

우리의 일상 경험도 이를 보여 줍니다. 우리는 어렸을 때부터 우리가 좋아하는 시와 노래를 즐겨 읊고 불렀습니다. 즐겨 읊은 시와 부른 노래는 일부러 외우려고 해서 외운 것이 아니라 우리가 그 시와 노래에 우리 마음을 담다 보니, 워낙 반복해서 많이 듣다 보니 자연스럽게 외우게 된 것입니다. 우리는 그렇게 외운 시와 노래들이 우리의 삶에서 적절한 순간에 떠오르게 되는 것을 많이 경험해 왔습니다. 어떤 특정한 상황과 순간에 시와 노래들은 우리의 감정을 더욱 그 상황에 집중하게 해 주거나 그런 상황과 순간에 있는 우리의 마음을 표현하게끔 도와주기도 했습니다.

그러나 많은 경우 세상의 시와 노래는 문제 자체에, 우리의 감정 자체에 집중하게 하지만, 하나님의 말씀은 문제가 아니라 문제 너머에 계시는 하나님께, 우리의 감정이 아니라 하나님의 선하신 인도하심과 섭리와 은혜에 우리의 시선을 고정시키고, 우리의 마음을 두게 한다는 것이 결정적인 차이일 것입니다.

우리가 문제나 상황에, 우리 자신의 마음을 빼앗겨 바르게 판단하지 못하고 방황하고 있을 때 우리의 동료들이 필요하고 적절한 말씀을 제시하여 우리를 도왔던 경험들을 생각해 봅시다. 그 반대로 어려움에 있는 사람을 위로하거나 힘을 실어 주기 위해, 또는 죄 가운데 있는 사람들을 깨우치기 위해 우리가 합당하고 필요한 말씀을 제시하여 도왔던 경험들을 생각해 봅시다. 암송한 말씀이 많을수록, 그리고 그 암송한 말씀에 대한 우리의 지식이 풍부할수록 우리는 서로 더 적절하고 합당한 도움을 주고받을 수 있을 것입니다.

말씀 암송이 주는 유익은 또 있습니다. 우리는 힘든 일이 있거나, 어떤 어려움에 처했을 때 특정한 말씀이 떠올라 우리에게 힘을 주고, 우리가 크게 위로받은 경험들을 잘 알고 있습니다.

더 나아가 암송한 말씀은 우리 마음이 약해져 있고, 죄를 짓고자 할 때 우리의 마음을 지켜 주고, 범죄로부터 우리를 예방합니다.

더 나아가 암송한 말씀은 우리가 죄를 지었을 때 우리가 무엇을 해야 할지 알려 줍니다. 우리가 죄인이며, 그리스도께 곧바로 달려가야 함을 알려 줍니다. 하나님께서만이 피난처

이심을, 하나님만이 선하심을, 하나님만이 죄의 문제를 해결하실 수 있으심을, 하나님이 죄에 대해 진노하신다는 것을, 하나님께서만 용서하실 수 있음을, 하나님만이 우리에게 진정한 소망을 주실 수 있음을, 하나님만이 우리를 거룩하게 하실 수 있음을 알려 줍니다.

또 아이들이나 초신자가 암송한 말씀과 교리문답을 이용해 기도하거나 신앙에 대해 이야기하는 것을 우리는 봅니다. 무엇을 어떻게 기도해야 할지 모르는 아이들이 자주 자기들이 암송한 교리문답이나 말씀을 그대로 반복하면서 기도하거나, 어른들의 질문에 답하거나, 어른들과 대화할 때 사용하는 것은 정말 놀랍고 사랑스러운 일입니다.

물론 주의해야 할 것도 있습니다. 자기 생각을 다른 사람에게 강요하기 위해, 자기 주장을 관철시키기 위해 하나님의 말씀을 이용해서는 안 되겠지요. 우리는 우리 자신에게든, 다른 사람들과 나누는 대화에서든 하나님의 말씀이 하나님의 것이고, 하나님의 말씀이 진리기 때문에, 하나님의 말씀 자체에 권위가 있으므로 하나님께서 하나님의 말씀 가운데서, 하나님의 말씀으로 우리에게, 우리의 친구들에게 말씀하시도록 해야 합니다.

**해 보기 전에는 어떻게 해야 할지 모를 때가 많습니다 일단 시작하면
방법이 생기고 하게 됩니다**

하나님의 말씀인 성경을 묵상하는 것, 공부하고, 꾸준히 읽고, 암송하는 것의 필요와 중요성, 유익 등에 대해서는 이미 좋은 책이 많이 있습니다. 우리는 이에 대해 어렸을 때부터 많이 들어 왔습니다. 그러므로 여기서는 이에 대해서는 최소한의 내용만을 언급하고 간단히 넘어가겠습니다.

이 책의 목적은 마음은 있지만 실패한 경험이 많아서 주저하시는 분들, 무엇을 어떻게 해야 할지 모르시는 분들을 실제적으로 돕는 것입니다. 지속적으로 성경을 읽고, 성실하게 말씀을 묵상하기 원하는 분들을 돕는 것입니다. 좀 더 잘하실 수 있게끔 돕는 것입니다. 그리고 부담은 느끼지만 게으름으로 해 오지 않으셨던 분들을 도전하고 격려하며 돕는 것입니다.

"시간이 없다."는 말은 고금 제일의 핑계입니다. 시간을 만들어 드리겠습니다. 방법도 알려 드리겠습니다. 일단 같이 시작하면 좋겠습니다. 시작합시다! 해 보기 전에는 어떻게 해야 할지 모를 때가 많습니다. 일단 시작하면 방법이 생기고 하게 됩니다.

이 책은 누구나 할 수 있는, 쉽고 자연스러운 방법을 알려

드릴 것입니다. 여러분의 개인 경건에, 가정에, 교회 모임에 이 책이 조금이나마 도움을 드릴 수 있기 원합니다.

1. 왜 말씀을 읽어야 합니까? 신명기 6장 4-9절 말씀을 소리 내어 읽어 봅시다.

2. 성경과 교회사는 하나님을 사랑하는 사람들의 표지가 무엇이라고 말해 줍니까?

3. 하나님의 말씀을 읽는 최종 목적은 무엇입니까?

4. 지은이는 이 책에서 묵상과 공부를 함께 묶어서 생각하겠다고 합니다. 왜 그런지 설명해 봅시다.

5. 우리는 왜 성경 전체를 읽어야 하고, 어떤 마음으로 읽어야 합니까?

6. 말씀 암송의 유익을 나눠 봅시다.

<1장 말씀 묵상(공부)과 읽기와 암송>을 읽으면서 하나님께서 깨닫게 해 주신 것과 베풀어 주신 은혜를 생각하며 감사합시다. 또 깨달아 배우고 확신한 일에 거할 수 있게 해 달라고 기도합시다.

2장

방법과 실천

방법과 실천

주야로 묵상하는도다

시편 1편의 "주야로 묵상하는도다."는 묵상이 무엇인지를 잘 설명합니다. 묵상은 밤낮으로 합니다. 이 말은 문자 그대로 낮에도 하고 저녁에도 한다는 뜻입니다. 여기에는 하루의 시작과 끝을 하나님의 말씀에 의지한다는 의미가 담겨 있습니다. 더 나아가 이 말은 단순히 낮과 밤을 아우르는 말이 아니라 쉬지 않고 계속해서라는 의미를 갖고 있습니다. 즉, 아침에 하고 나서 그날의 할 일은 다 했다고, 그러니 이후는 내 마음대로 시간을 보내겠다고 생각해서는 안 됩니다. 밤에만

2장 - 방법과 실천 33

하고 나서 어쨌든 오늘이 다 가기 전에 할 일은 했다고 생각해서도 안 되는 것입니다. 아침에도, 낮에도, 저녁에도, 밤에도……. 하루의 시작과 끝을, 무슨 일을 하든 하루 종일 하나님의 말씀을 생각하고 그 말씀에 따르는 것이 "주야로"입니다. "묵상하는도다"는 하나님의 말씀을 계속해서 생각하고, 계속해서 입으로 되뇌는 것을 말합니다.

이처럼 묵상은 어떤 특별한 훈련이 요구되고, 어떤 고차원적인 기술이 필요한 일이 아닙니다. 하나님의 말씀을 의지하면서, 하나님의 말씀을 따르고 순종하기를 원하면서 종일 하나님의 말씀을 읽고 생각하고 되뇌며 암송하는 것이 묵상입니다. 그리고 여기에는 읽기와 암송이 자연스럽게 들어 있습니다.

말씀 묵상(공부)의 방법과 실천

사례

저는 어렸을 때부터 가정에서 예배를 드리면서 부모님께 하나님의 말씀을 사랑하는 것의 중요성과 유익을 들어 왔습니다. 좀 더 자라서는 부모님께서 계속 말씀해 오셨기 때문만이 아니라 저 자신이 말씀을 더 알고 싶어서 성경을 읽는 일에 관심을 두고 시간을 내었습니다.

성경 읽기는 이런저런 환경과 이유로(1년에 1독하면 무지퍼 성경책을, 2독 이상하면 지퍼 성경책을 준다는 말에 2독을…….) 어렸을 때부터 마음을 많이 두고 해 왔지만, 말씀 묵상은 대학생이 된 이후에 비로소 관심을 두게 되었습니다. 교회 대학부 담당 목사님과 선배들에게 배운 말씀 묵상의 의미와 유익은 단숨에 저를 사로잡았습니다.

그러나 말씀을 묵상하는 것은 늘 마음만 앞서고 계획만 있었지 거의 실천에 옮기지 못했습니다. 많은 학생이 새해, 새 학기에 계획표를 세워 놓고 계획표만으로 이미 계획을 실천한 것 같은 부푼 마음에 잠시 설레고 흥분했다가 며칠 못 가 제대로 하지 못해 마음이 가라앉는 것처럼 저도 그런 경험을 자주 했습니다.

실패한 주요 원인은 욕심이었습니다. 당시 완벽주의 기질이 충만했던 저는 무엇을 하든 모든 준비를 다 마치고, 모든 도구를 다 가지고 시작해야 했습니다. 이제 걸음마에 익숙해진 사람이 백 미터 달리기 선수처럼 뛰고 싶어했던 것입니다. 결국 조금 뛰어 보고는 잘 안 된다고 속상해하며 아예 걷는 것조차도 하지 않게 됐습니다.

구체적인 방법을 잘 모르는 것도 또 다른 원인이었습니다. 성경 공부나 해석 등에 대한 책들을 보고, 여기저기 물어보았지만 너무나 원론적인 이야기들일 뿐 실천적인 방법에 대해서는 접하기가 어려웠습니다.

이후 수년 동안을 어떤 계기로 다시 마음을 다잡다가도 다시 낙심하고, 여러 시행착오를 거친 후에야 저는 욕심을 내려놓게 됐습니다. 제 성향을 누르고, 제 수준을 인정하고, 당장 할 수 있는 것부터 했습니다.

주일 설교를 잘 요약하고 특별히 깨닫거나 받은 감동도 함께 적어서 주의를 기울여 생각했습니다. 책을 읽다가 좋은 내용을 발견하면 언급된 성경 구절을 찾아 실제로 그러한지 긍정적인 의심을 하며 읽고 정리했습니다. 이때 주제별로, 또 성경 각 권별로 한글 파일을 만들어 정리했습니다. 이런 일들이 좋은 훈련이었던 것 같습니다.

특히 담당 목사님이셨던 이규현 목사님의 강해설교가, 이 말 자체로는 너무 부족합니다만 아주 큰 도움이 되었습니다.

방법과 실천

묵상할 때 우리는 언제나 다음과 같은 질문들을 제일 먼저 하고 그에 답해야 합니다. "하나님은 어떤 분이신가?" "무슨 일을 하셨는가?" 보통 하나님이 누구신지는 어떤 일을 하셨는지와 관련돼 있습니다. 하나님의 명령이나 율법도 마찬가지로 하나님이 어떤 분이신지를 보여 줍니다. 언제나 주어는 하나님이시고, 주인공도 홀로 하나님이십니다. 하나님 중심적인 묵상이 우리에게 가장 유익이 됩니다. 우리 삶의 주어도 주인공도 하나님이시기 때문입니다.

그 후에 이 진리가 우리와 어떤 관계가 있는지를 생각하기만 해도 됩니다. 이후 더 깊은 사고와 정리는 좋은 주석과 강해서, 무엇보다 교회를 통해 할 것이기 때문입니다.

물론 개인에 따라서는 더욱 깊이 공부하면서 묵상을 할 수도 있을 것입니다. 할 수 있다면 더 좋은 일입니다. 그러나 이 책은 일반 성도를 대상으로 누구나 큰 부담 없이 하나님의 말씀을 가까이 하게 하는 것이 목적이기 때문에 더 구체적이고 깊이 있는 방법은 여기서 다루지 않겠습니다. 그러나 전혀 부담을 안 가지면 안 되고, 그럴 수도 없을 것입니다.

중요한 전제와 원리

그러나 말씀을 묵상하거나, 공부할 때 아주 중요한 전제와
원리 몇 가지는 저희가 기억해야겠습니다.

첫째, 언제나 문맥 안에서 의미를 찾아야 한다는 것입니다.
이것은 특히 흔히 잘 알려진 구절의 경우에 더욱 그렇습니다.

예를 들어 매우 유명한 "수고하고 무거운 짐 진 자들아 다 내
게로 오라 내가 너희를 쉬게 하리라."는 마태복음 11장 28절 말
씀의 의미를 온전히 이해하기 위해서는, 28절 이전의 내용은
물론이거니와 29-30절인 "나는 마음이 온유하고 겸손하니
나의 멍에를 메고 내게 배우라 그리하면 너희 마음이 쉼을 얻
으리니 이는 내 멍에는 쉽고 내 짐은 가벼움이라 하시니라."를
잘 알아야 하고, 이 관계 속에서 28절의 의미를 먼저 찾은 뒤
에야 적용할 수 있을 것입니다. 그렇지 않고 28절만을 생각
하면 그리스도 안에서 쉼을 얻는 모든 사람은 어떠한 계명이
나 율법도 필요하지 않고 얽매일 필요가 없다고 생각하기가
쉽습니다. 실제로 이렇게 생각하시는 분이 적지 않습니다. 그
리고 그런 생각은 많은 경우 방종으로 흐릅니다. 그러나 우
리가 쉼을 얻는 것은 온유하고 겸손하신 분에게 그분의 멍에
를 메고 배울 때입니다. 죄와 비참 가운데 있는 우리 생각에

그분의 멍에, 즉 그분의 율법과 계명은 무겁고 우리를 옥죄는 것처럼 보일지 모르지만 실제로 그리스도의 멍에는 쉽고 그리스도의 짐은 가벼우며, 그것만이 우리를 자유하게 하고 평안하게 합니다. 그 안에만 진정한 쉼이 있는 것입니다.

둘째, 교리 전체에 대한 건강하고 분명한 이해가 있어야 합니다. 그래서 역사적인 신앙고백들과 교리문답들을 먼저 배워야 합니다. 그리고 기본적인 성경 해석법을 알아야 합니다. 하나님의 선이 완전하고 불변하며 무한하다는 사실을 알고 말씀을 읽는 것과 그렇지 않고 말씀을 읽는 것은 정말 큰 차이가 있습니다. 또 성경이 죄와 비참 가운데 있는 죄인들에게 구원의 복된 소식을 전해 주기 위해, 또 이미 구원받은 그리스도인에게는 하나님 나라에 합당한 시민으로 살게 하기 위해 우리에게 주어진 것임을 전제로 성경을 읽는 것과 그렇지 않고 성경을 읽는 것도 너무나 큰 차이가 있습니다.

설교와 주석을 통해 배우기

이렇게 구조를 파악하고, 구조 안에서 의미를 이해하고 적용하는 것은 성경 연구나 해석에 대한 책들을 통해 원리를 배움으로써도 익힐 수 있겠지만, 제 생각에 우리 일반 성도들에게는 그보다 더 좋은 방법이 있습니다. 바로 설교와 주석입니다.

주의 몸 된 교회에서 목사가 설교하는 것은 우리가 앞서 살펴본 말씀을 읽어야 하는 이유, 묵상과 공부의 최종 목적 바로 그 자체를 가장 잘 보여 주는 것입니다. 목사는 바로 이 일을 위해 부름 받은 직분자입니다. 그래서 설교를 무시하는 사람 중 중생한 사람은, 또는 거룩하게 사는 사람은 아무도 없습니다. 이 세상 누구보다도 이 일에 적합한 사람은, 부지런한 사람은, 거룩한 욕구로 가득 찬 사람은 없습니다. 특히 강해설교는 이 책에서 이야기하는 것을 가장 잘 배울 수 있고 실천할 수 있게 해 줍니다.

저는 대학생 시절 담당 목사님이셨던 이규현 목사님의 강해설교를 통해 하나님의 말씀의 절대적 가치와 풍요로움을 배울 수 있었습니다. 수년 동안 목사님의 강해설교를 들으면서 자연스럽게 성경을 바르게 해석하는 법과 삶에 적용하는 법을 배웠습니다. 목사님께서는 하나님의 말씀이 실제 능력이 있으며, 우리를 실제로 새롭게 하고, 거룩하게 한다는 확신 가운데 말씀을 전하셨습니다. 당신께서 그렇게 사신 것은 말할 것도 없습니다. 나중에 성경 연구나 해석에 대한 책들이 있다는 것을 알고 그 책들을 읽었을 때 저는 특별히 새로운 것을 거의 발견하지 못했습니다. 좋은 설교를 통해 진리만을 배운 것이 아니라 진리에 대한 것도 잘 배웠기 때문이었습니다.

우리가 할 일은 다만 설교를 주의 깊게 잘 듣는 것입니다. 요약하거나 정리한 설교 내용을 곰곰이 생각하는 것 자체가 묵상이라고 말할 수도 있습니다. 좋은 설교를 듣고, 출판된 좋은 설교집들을 읽기만 해도 우리는 그 안에서 교리를 분명하게 배우고, 성경 해석법을 자연스럽게 배우게 됩니다. 성경 해석법이라는 이 말이 어렵거나 부담되시면 그냥 성경의 의미를 보게 해 주는 눈, 관점이라고 생각하시면 됩니다. 좋은 주석들을 참고해서 더 깊고 넓게 공부한다면 우리의 영혼은 건강하게 살찔 것입니다.

먼저 신앙고백과 교리문답을 공부해야

칼빈John Calvin의 『기독교 강요』Institutes of the Christian Religion와 성경 주석들은 밀접한 관계가 있습니다. 칼빈은 독자들이 먼저 『기독교 강요』를 읽기 원했습니다. 성경 전체가 보여 주는 진리의 핵심, 신앙의 원리와 태도를 먼저 배운 다음 또는 함께 성경을 공부하기 원했습니다. 칼빈이 쓴 주석들을 보면 교리적인 논쟁이 나올 법하거나 좀 더 깊은 교리적 설명이 필요한 부분이 있을 때 이미『기독교 강요』에서 언급했다며 해설을 계속해 나가는 부분들이 있습니다. 주석서에서는 따분하고 소모적인 논쟁은 피하고 성경의 메시지 자체만을 해설하는 것입니다. 또 독자들이『기독교 강요』를 통해 이미 교리와 성경 해석에 대한 기본을 공부했다고 전제하고 이야기하는 것입니다.

실제로 우리 중 아무도 교리 없이 성경을 읽을 수 없습니다. 또 교리 없이 성경을 읽는 것은 아주 위험한 일이기도 합니다. 예를 들어, 삼위일체는 성경에 나와 있는 표현은 아니지만 성경이 우리에게 계시하고 있는 진리, 즉 교리입니다. 아무도 삼위일체 교리에 대한 이해와 믿음 없이는 성경을 올바로 이해할 수도 없고, 하나님을 믿을 수도 없습니다. 그래서 우리 선조들은 다른 이유들도 있지만 이런 이유들로 신앙고백과 교리문답을 정리하여 작성하고 교회에서 가르쳐 왔습니다.

따라서 이제 막 그리스도인이 된 사람들은 개인 묵상과 공부를 따로 하기보다는 교회에서 설교를 잘 듣고, 교회에서 가르치는 신앙고백과 교리문답을 먼저 확실히 배워야 합니다.

좋은 설교는 이 단락과 이 구절이 보여 주고자 하는 의도와 내용이 무엇인지, 왜 이러저러한 해석이 잘못되거나 위험

한지부터 해서, 결국 왜 그리스도인지, 우리의 죄와 비참이 어떠한지, 왜 오직 은혜인지, 어떻게 모든 것이 삼위 하나님께 영광이 되게 하는지를 보여 줍니다. 좋은 설교를, 진리를 있는 그대로 선포하기에 현실의 삶과 결코 동떨어질 수 없기에 우리는 설교를 통해 그리스도인이 진리 안에서, 진리로 세상을 살아가는 힘과 방법을 배울 수밖에 없습니다. 네, 설교만 잘 들어도 많이 배우고 성장할 수 있습니다.

조급하지 않게 1-2년 정도 신앙고백과 교리문답을 반복해 배우면서 교리를 정리하고, (특히 강해)설교를 통해 성경을 읽고, 해석하고, 적용하여 실천하는 법을 주의 깊게 배운다면 우리는 분명 건강해질 것입니다. 하나님을 더 알게 되고, 하나님을 더욱 사랑하고, 진리를 더욱 기뻐하며, 말씀을 더욱 가까이 하게 될 것입니다.

교회와 함께, 교회 안에서

하나님의 말씀은 단지 개인의 만족과 유익을 위해서가 아니라 교회의 유익을 위해 주신 것입니다. 따라서 모든 성도는 하나님의 말씀을 교회에서 배우고, 교회와 함께 적용하고, 교회 안에서 실천하며 삽니다.

성도가 서로 기뻐하고 한 몸으로 여기는 것은 말씀 때문입니다. 같은 말씀 안에 있기 때문입니다. 말씀 안에서 함께 믿고, 함께 자라 가고, 함께 살아가기 때문입니다. 그러므로 우리가 설교를 듣든, 교리를 배우든, 좋은 책을 읽든 한 교회 안에 있는 몸 된 지체들과 말씀을 서로 나누는 것은 자연스러운 일이고, 반드시 필요한 일이며 매우 유익한 일입니다.

함께 말씀을 나누는 것은 말씀 묵상을 더욱 풍성하게 해 주기 때문에 친밀한 관계에 있는 사람들과, 또 소속 소그룹 지체들과 자주 나누는 것이 중요하고 필요합니다.

그런데 여기서 주의해야 할 것이 있습니다. 어떤 만남과 모임에서나 그렇겠지만, 배우기 시작한 지 얼마 안 된 분들은 말을 많이 하기보다는 먼저 많이 듣고, 많이 배워야 합니다. 누구나 뭔가 새로운 것을 막 접했을 때, 그것에 대한 애정이 많을 때, 그리고 그것을 많이 경험할 때는 다른 사람들에게 말하고 싶어합니다. 자랑하고 싶은 것도 있고, 좋은 의미에서 인정받고 싶은 것도 있고, 다른 사람들에게 알려 주고 싶은 것도 있습니다. 그러나 우리가 제일 먼저 배워야 할 것, 지녀야 할 태도는 겸손입니다. 처음에는 많이 깨닫게 된 것과 많이 받은 감동들로 우리 자신이 영적으로 크게 성장한 것처럼 생각될 수 있습니다. 그러나 많은 경우 곧 교만하게 되고, 이내 말씀과 신앙 자체에서 관심이 멀어지거나, 위선적인 신 앙을 갖게 됩니다. 제 이야기이기도 해서 제가 잘 압니다.

겸손만이 끝까지 가게 해 줍니다. 계속해서 배우게 해 줍니다. 진리를 사랑하게 해 줍니다. 다른 사람들을 존경하고 존중하면서 하나가 되게 해 줍니다. 겸손만이 진리대로 살게 해 줍니다. 겸손만이 그렇습니다. 겸손으로 배우지 않은 사람은 다른 사람을 비인격적으로 가르치고 쉽게 판단합니다. 겸손으로 배운 사람만이 다른 사람의 겸손을 이끌어 냅니다. 겸손만이 함께 자라게 해 줍니다. 그리고 겸손은 제일 처음에 배우지 않으면 나중에는 배우기가 무척 힘이 듭니다. 이 모든 이유로 겸손하게 배우고 나누는 것이 아주 중요합니다.

예 – 빌립보서

저는 최근 몇몇 분들과 빌립보서를 본문으로 선택해서 말씀 묵상을 함께 시작했습니다. 그래서 빌립보서를 예로 설명드리고자 합니다. 이전부터 만들어 온 파일이 있어 오랜만에 열어 보았더니 2006년도부터 빌립보서와 관련하여 적어 놓은 내용들이 좀 있었습니다.

지금 보니 어떤 내용들은 우습기도 하고, 또 어떤 부분들은 민망하지만 지금 읽어도 감동이 되고, 이런 깨달음과 감동과 결단이 있었나 하는 글도 있습니다.

설교를 듣고 정리한 것과 묵상한 내용들, 책을 읽다가 얻은 통찰, 누군가와 대화 중에 받은 도전과 위로와 깨달음 등이 적혀 있는 파일을 보는데(날짜가 적혀져 있는 것도 있고 없는 것도 있습니다.) 정확히 구체적으로 이런 배움과 정리 등이 어떻게 저 자신을 만들어 오게 된 하나님의 수단과 방법이 되었는지 기억나지는 않았습니다. 하지만 저는 확신합니다. 이런 묵상과 공부가 시나브로 성경을 보는 눈을 키워 주고 사랑하게 해 주었음을 말입니다. 저 자신은 물론이요 다른 이들의 필요를 채워 줬음을 말입니다.

또 먼 훗날 지금 묵상하고 정리하는 것들을 보게 되면 어떨지 모르겠습니다. 우스울지, 대견할지, 감동이 될지, 더욱 확신하고 기뻐할지……. 지금은 지금에 마음을 두려고 합니다. 하나님께서 이 일을 기뻐하시기를 간절히 바랍니다.

빌립보서 말씀 묵상(공부)

일정	본문	제목	암송
1주	1:1-11	감사와 기도	1장 6절
2주	1:12-18	복음의 진보	1장 18절
3주	1:19-30	내게 사는 것이 그리스도니	1장 20, 29절
4주	2:1-11	자신을 낮추신 그리스도	2장 3-4절
5주	2:12-18	세상의 빛	2장 6-11절
6주	2:19-30	디모데와 에바브로디도	2장 12-13절
7주	3:1-11	그리스도를 믿음으로 말미암은 의	3장 7-9절
8주	3:12-4:1	푯대를 향한 전진	3장 13-14절
9주	4:2-9	권면, 격려와 기도	4장 6-7절
10주	4:10-23	모든 필요를 채우시는 하나님, 인사	4장 11-13절

　번역본마다 단락을 나누고, 단락의 주제나 제목을 붙이는 것에 차이가 좀 있습니다. 이 표는 여러 번역본을 참고해서 제가 임의로 구분해 본 것일 뿐입니다.

방법 1. 본문을 정하여 단락별로 구분하기

성경 66권 중 한 권을 선택하여 앞에 있는 표처럼 의미 단락별로 나눕니다. 창세기나 복음서가 가장 익숙하기는 하지만 처음 시작하시는 분이나 여럿이서 함께 하기로 한 경우에는 분량이 적은 곳을 선택하면 좋습니다. 네 장으로 되어 있는 빌립보서의 경우 위의 구분처럼 하면 두 달 반 만에 묵상과 공부를 마칠 수 있는데, 이에 성취감이 큽니다. 일단 66권 중 한 권을 마친 것에 대해 만족감이 있게 되고, 다음 권을 선택하는 데 훨씬 자신감이 생기며, 좋은 욕심도 낼 수 있습니다.

만약 교회에서 단락 단위로 강해설교를 한다면 교회 설교를 따라 함께 묵상하는 것이 더욱 좋을 것입니다.

방법 2. 매주 한 단락씩 묵상하기

구분에 따라 매주 한 단락씩 깊이 있게 말씀을 묵상(공부)합니다. 이때 먼저 하나님을 찬양하고 기도합니다. 그리고 이 말씀이 신앙고백 되도록 은혜를 구합니다.

첫째 날에는 본문을 여러 번 읽어 보고 깨달은 내용을 정리한 후 찬양하고 기도합니다. 한 편의 완성된 글을 쓰려고 너무 많은 에너지를 쏟지 않고 그냥 생각나는 대로, 쓸 수 있는 데까지만 합니다. 이때 가능하면 이른 아침에 시작합니다. 그리고 시간이 날 때마다 본문을 기억하며 생각합니다.

둘째 날부터는 설교책이나 주석을 참고하여 공부하고, 그 내용을 정리한 후 찬양하고 기도합니다. 여기서도 마찬가지로 완성된 글을 쓰려고 하기보다 깨닫고 배운 것, 감동 받은 것 등을 각 주제별·의미별로만 정리합니다. 역시 매일 시간이 날 때마다 본문을 떠올리며 마음에 두도록 집중해서 깊이 묵상합니다.

역본을 하나만 보기보다는 여러 역본을 보는 것이 이해에 큰 도움을 주므로 가능하면 역본을 서너 개 이상 같이 보는 것을 권해 드립니다.

여러 이유와 상황으로 일주일에 2-3일 정도는 못한다고 가정했을 때, 넷째 날이나 다섯째 날에는 지금까지 공부한 것을 가능한 한 편의 완성된 글로 좀 더 자연스럽게 다듬으려고 노력합니다. 이 과정은 자연스럽게 본문의 의미가 더욱 분명해진다거나, 새롭게 깨닫게 되거나 하는 일들이 많이 생기므로 중요합니다. 또 더 완성도 있게 정리할수록 오래 기억할 수 있기에 중요합니다.

모든 과정에서 하나님을 찬양하고 은혜를 구하며 기도하는 것이 아주 중요합니다.

마지막으로 가능하면 지체들과 함께 나누면서 서로 배우고, 위로하고, 격려합니다.

매일 못하더라도 의기소침해지지 말고 힘을 냅시다. 1주일에 2-3일이라도 최선을 다하면 됩니다. 그렇게 매주 하는 것도 쉬운 일이 아닙니다. 매주 이틀씩이라도 꾸준히만 한다면 이전과는 분명 다른 태도가 형성될 것입니다. 말씀을 보는 눈이 커지고 이해의 정확도와 범위가 자랄 것입니다.

서로 격려하며 합시다. 지금은 성숙한 신자의 처음도 다 비슷합니다. 서로 어떤 부분이 잘 되고 안 되는지를 점검해 주고, 어떻게 어려움을 이겨 냈는지, 시간 사용을 어떻게 했는지 등을 이야기하기만 해도 큰 도움이 됩니다.

어떻게든 성경 한 권을 마치고 나면 각자 노하우가 생깁니다. 각자 생활 패턴과 성향 등에 따라 이러저러하게 하는 것이 더 낫겠다는 판단이 됩니다. 그래서 이후 다른 성경 한 권을 볼 때는 묵상(공부)도 훨씬 쉬워지고 자연스러워집니다.

꿈에서도 묵상을! 주야로 묵상을!

제 친구 중 한 명은 대학생이 되고 난 후 일본으로 여행을 다녀오고 싶은 생각이 들었고, 그때부터 일본어를 공부했습니다. 아주 열심히 한 것은 아니지만 꾸준히 공부한 친구는 몇 달이 지나지 않아서 자주 일본어로 꿈을 꾸었습니다!

이것은 묵상의 한 단면을 보여 줍니다. 우리의 꿈에는 많은 경우 우리가 최근 또는 그날 가장 신경 쓰거나 생각한 것들, 마음에 둔 것과 관련한 내용이 나옵니다. 안타깝게도 흔한 경험은 아니었지만 저는 묵상하는 꿈을 꾼 적이 몇 번 있습니다. 더 자주 꾸지 못한 것도 안타까운데 더 안타까운 것은 꿈 속에서 묵상하는 제 모습이 너무 초보적이고 어설픈 것입니다.

꿈 속에서도 우리가 복음을 담대히 전하고, 꿈 속에서도 우리가 하나님의 말씀을 즐겁고 깊게 공부할 수 있다면 얼마나 행복할까요! 이런 꿈을 꾸려면 어떻게 해야 할까요? 종일, 주야로, 시시때때로 하나님의 말씀을 생각하며 마음에 품어야 할 것입니다. 아침에 일어나서부터 잠자리에 드는 순간까지 시간만 나면, 기회만 주어지면 말입니다. 아, 얼마나 낭만적인가요! 그리스도의 신부인 교회가 하루의 시작을 신랑과 그분의 말씀과 함께 시작한다는 것이!

저는 이른 아침에 하나님의 말씀을 묵상하기 시작한 지가 얼마 되지 않았습니다. 이른 아침, 출근하기도 분주한 그때, 비몽사몽간에 말씀을 보는 것이 무례하다고 생각했습니다. 잠을 확실히 깬 바른 정신으로 집중해서 하나님의 말씀을 묵상하는 것이 맞다고 생각했습니다. 그러나 이른 아침에, 비록 처음에는 잠이 충분히 깨지 않은 상태일지라도 하나님의 말씀을 묵상함으로 시작하는 하루와 그렇지 않은 하루가 천지차이임을 경험했습니다. 단지 하루의 시작만 다른 것이 아니었습니다. 하루의 삶도 달랐습니다. 하나님을 더욱 생각하게 되고, 하나님을 더욱 의지하게 됐습니다. 자연스럽게 말씀이 자주 떠오르고, 말씀 중심으로 살게 됐습니다. 이른 아침에 하나님의 말씀을 묵상하는 것은 신세계였습니다!

하나님께 은혜를 구합시다

이는 모두 하나님께서 은혜 베푸셔야 하니 은혜를 간절히 사모합시다. 자연인은 말씀을 사랑하지 않습니다. 그래서 묵상도 통독도 하지 않습니다. 금방 싫증 내거나 이런 일들을 무거운 짐으로 여깁니다. 하나님의 말씀을 진리로 믿고 어떤 말씀이든지 가벼이 여기지 않고 사랑하며 순종하고자 하게 하는 것은 전적으로 하나님의 은혜로 가능합니다. 우리는 말로는 얼마든지 할 수 있고 행동으로는 잠시간은 할 수 있을지 모릅니다. 그러나 주야로 묵상하고 평생에 주의 말씀을 따르는 것은 오직 주님의 은혜로만 가능합니다.

그러니 항상 은혜를 구해야 합니다. 주님의 인도하심과 도우심을 구해야 합니다. 불쌍히 여겨 달라고 해야 합니다. 우리가 깨닫기 원한다고 해서 깨달을 수 있는 것도 아니고, 우리가 즐거워하고 싶어한다 해서 즐거워할 수 있는 것도 아니며, 우리가 감동받기 원한다고 해서 감동받을 수 있는 것도 아니고, 우리가 순종하고 싶다고 해서 순종할 수 있는 것이 아니기 때문입니다. 우리는 전적으로 무지하고 무력합니다. 오히려 말씀을 거부하고 대적합니다. 하나님을 아는 일에 본성적으로 교만하고 게으릅니다.

결국 이 일도 전적으로 하나님을 의지하며 기도하는 수밖에 없습니다. 하나님의 은혜가 아니고서는 아무것도 일어나지 않고, 아무것도 변하지 않습니다. 하나님의 은혜가 필요합니다. 정말 기도하는 수밖에 없습니다.

성경 읽기(통독)의 방법과 실천

공부할 때 오감을 적극적으로 활용할수록 효율이 높다는 연구 결과가 있습니다. 단지 눈으로 보는 것보다는 소리 내어 읽는 것이 좋고(동시에 자신의 목소리를 들으면서 읽게 됩니다), 들으면서 읽는 것이 좋다고 합니다. 들으면서 읽는 방법에서는 자신의 목소리로 녹음해서 듣는 것이 더 좋다는 이야기도 있습니다.

어쨌든 가능하면 동원할 수 있는 여러 감각 기관을 이용해 말씀을 읽는 것이 좋겠습니다.

성경에서 말씀 읽기에 대해 묘사한 구절들을 보면 그리스도인은 매일 지속적으로 하나님의 말씀을 읽어야 합니다. 여기에 몇 가지 방법을 소개하고자 합니다.

앞에서 소개한 성경 묵상 방법과 병행한 성경 읽기

저는 앞에서 소개한 방법을 따라 성경을 묵상합니다. 이때 성경 읽기는 성경 묵상과 연계가 되게끔 합니다. 앞에서 언급한 빌립보서를 예로 들면, 저는 빌립보서를 본문으로 성경 묵상을 하는 첫날부터 끝 날까지 매일 빌립보서를 1독 합니다. 제가 알기로 존 맥아더John MacArthur가 이렇게 한다고 합니다. 이렇게 하면 10주 동안 매일 1독씩 한다고 했을 때 빌립보서 전체를 70독 하게 됩니다.

이 방법이 좋은 것은 매일 전체 본문을 1독씩 하고 묵상 본문을 다회독하는 것이 늘수록 전체 본문의 구조가 머리에 들어오고 내용이 눈에 익숙해진다는 것입니다. 이렇게 2-3주 정도가 지나면 묵상에 대한 부담도 훨씬 줄어들게 되고 묵상이든, 통독이든 재미가 붙습니다.

이 방법은 성경 한 권을 아주 집중해서 공부하기에 참 좋습니다. 하지만 성경 전체를 통독하지 못하므로 아쉬움도 있습니다. 그래서 저는 따로 주일마다 성경 전체를 통독하는 시간을 갖습니다. 빌립보서 통독도 하고 성경 전체를 이어서 통독할 수도 있겠지만, 부담이 되면 주일에는 빌립보서 통독은 하지 않고 성경 전체 통독만 해도 됩니다.

저는 보통 주일에 20장 전후로 읽습니다. 적게 읽는 날은 10장, 많이 읽는 날은 30장 정도를 읽습니다. 이렇게 읽으면 1년에 1독 정도 할 수 있습니다. 주일 하루에 읽는 것이 부담되면 토요일과 주일 이틀 동안 나누어서 읽어도 좋은 방법입니다.

최근에는 가까운 믿음의 벗을 따라 아침에는 시편을 한 편씩, 저녁에는 복음서를 한 장씩 읽기 시작했는데 아침과 저녁이 이전보다 더욱 행복합니다.

기존의 성경 통독 읽기표 이용하여 읽기

365일 1독 읽기표나 맥체인 읽기표를 이용해서 읽는 방법은 널리 알려진 방법입니다. 365일 1독 읽기표를 따라 평일에 3장씩, 주일에는 5장씩 읽으면 1년에 성경 전체를 1독 할 수 있습니다. 맥체인 읽기표를 따르면 하루에 약 4장씩 신구약을 함께 읽게 되고, 1년에 구약은 1독, 신약과 시편은 2독씩 할 수 있습니다.

저는 어렸을 때부터 해 왔던 365일 1독 방법으로는 20독 이상, 최근에 알게 된 맥체인식으로는 3독 반 정도 통독을 했습니다. 각 방법마다 특징이 있어서 여러 가지 방법으로 읽어 보시면 좋습니다. 저는 지금은 앞서 소개해 드린 성경 묵상 방법과 병행하는 읽기를 하고 있습니다. 사람마다 다 다르므로 각자 필요와 상황에 따라서 여러 가지 성경 읽기 방법을 생각해 낼 수 있을 것입니다.

특정한 날을 정하여 성경 한 권 이상을 읽기

예전 교회에서는 몇 년 동안 매해 1월 1일부터 4일까지 성경 전체를 읽었습니다. 빠르게 글을 읽는 사람들이 앞에서 읽으면 나머지 사람은 귀로 듣고 눈으로 보면서 읽는 방법이었는

데 구약은 3일에 걸쳐, 신약은 1일 동안 읽으니 다 읽게 됐습니다. 저는 당시 저와 맞지 않다고 생각해 셋째 날 중간에 그만두었지만 좋은 아이디어를 얻었습니다.

이후 저는 종종 특정한 날을 정하여 성경 일부를 오랜 시간 동안 집중해서 읽을 때 얻는 유익과 즐거움을 누려 왔습니다.

사복음서를 하루 안에 다 읽으면 복음서들 간의 사건이 서로 연결되고, 각 복음서의 흐름이 눈에 익숙해집니다. 모세오경이나 구약 역사서를 이렇게 좀 긴 시간에 걸쳐서 읽는 방법은 특별한 재미가 있습니다.

이렇게 여러 권이 아니라 한 권만 읽어도 정말 좋습니다. 한 시간 정도를 투자해 로마서를 읽는다거나, 두 시간 정도를 투자해 복음서 하나를 읽는 일도 정말 유익합니다.

만약 교회에서 연초든 연중이든 이런 성경 읽기를 한다고 하면 읽기에 앞서 각 권에 대한 개관을 미리 살펴보는 시간을 갖는다면 더욱 좋을 것입니다. 무작정 많이 읽는 게 좋은 것도 아니고, 목표도 아니기 때문입니다. 만약 사복음서를 새해 첫날 읽는다고 했을 때, 각 복음서 읽기를 시작하기 전에 각 복음서의 배경, 저술 목적, 특징, 주요 내용, 주제 등을 개관하고 성경을 읽는다면 지루함도 없을 것이고 읽기가 더욱 재밌고 즐거울 것입니다.

저는 성경을 생각하면 제 아버지가 자주 생각납니다. 아버지의 성경책은 오래되었는데, 페이지마다 새까맣게 줄이 그어져 있고 메모가 있습니다. 책 옆은 손때로 색이 까맣게 변했고, 책장이 부르터서 지퍼로 잠가지지가 않습니다. 아버지처럼 제게도 성경이 나의 사랑하는 책이 되길 원합니다. 저도 그렇게 성경을 사랑하고 싶습니다. 정말 사랑하여 많이 읽고 싶습니다.

물론 단지 많이 읽기만 한다고 좋은 것은 아닙니다. 꼭 1년에 1독을 해야 하는 것이 아닙니다. 하루에 한 장을 읽더라도 경건하고 바른 마음으로 읽는 것이 바르고 중요하다고 생각합니다. 각 사람의 기호와 환경에 따라 자기에게 맞는 방법으로 꾸준히 읽는 것이 가장 좋다고 생각합니다.

아마 모든 분이 비슷하게 경험하셨을 것입니다. 묵상을 위해서나 공부하려고 읽은 것이 아닌데, 단지 성경을 순서대로 읽고 있을 뿐인데도 성경의 진리가 깨달아지고, 감동을 받고, 은혜를 누리고, 마음이 격동하고, 기도와 찬양을 하고, 새 힘을 얻고, 위로를 얻고, 엎드려 회개하는 그런 일들 말입니다.

그러니 일단 무조건 읽으십시오. 부지런히, 겸손하게 읽으

십시오. 여러분의 가족과 친구와 교회와 함께 읽으십시오. 성
경 묵상에 대해서만이 아니라 성경 읽기에 대해서도 함께 나
누십시오. 우리가 얼마나 많이 깨달았는지, 어떤 통찰을 얻
었는지, 어떤 감동을 받았는지 자랑하기 위해서가 아니라,
하나님을 찬양하기 위해서, 하나님을 높이기 위해서, 함께 찬
양하고 예배하기 위해서 나누십시오.

말씀 암송의 방법과 실천

제 부모님께서는 성경 많은 곳을 암송하셨고, 인용하셨습니
다. 교회에서 받은 훈련 때 많은 구절을 암송하셨는지도 모
르겠습니다. 중요한 것은 부모님께서 그 암송한 말씀을 잊지
않으시고 계속해서 음미하며, 적절하게 사용하시려고 했다는
점입니다. 단지 교육과 훈련을 위해서만 잠시 암송하시고 만
것이 아니라 그리스도인의 삶을 위해 그렇게 해 오셨습니다.
　부모님의 권유와 훈련에 따라 저도 어렸을 때부터 말씀 암
송을 조금씩 해 왔습니다. 몇 개의 장 전체와 수십 개의 절을
암송하던 당시에는 왜 그런 구절들을, 어떤 장 전체를 외워야
하는지 이해할 수 없었던 때도 있었지만 시간이 지날수록 말

씀 암송이 지니는 위대한 힘을 경험하게 됐고, 부모님께 감사했습니다. 이후 저 스스로 더 적극적으로 말씀을 암송하려고 노력했습니다.

부모님께서는 주로 가정 예배 시간에 저의 신앙과 삶에 대해 지도하셨는데, 암송한 하나님의 말씀을 아주 바르고 적절하게 인용하셨습니다. 저는 그런 두 분의 지도를 잘 따를 수밖에 없었습니다. 두 분이 하나님의 말씀을 바르고 정확하게 제게 적용하셨기 때문이며, 그렇게 적용된 말씀이 실제 제 삶을 하나님 앞에 있게 하고, 영적으로 풍요롭게 했기 때문입니다. 두 분은 두 분의 권위로 말씀하신 적이 없고 언제나 하나님의 말씀으로 말씀하셨습니다. 그것이 때로는 철없는 저를 꼼짝없게 만들기도 했습니다.

대학생이 되고 대학부 담당 목사님과 여러 선배들을 만나 교제하면서는 말씀 암송이 주는 유익을 더 많이 누렸습니다. 목사님과 선배들은 모두 암송한 하나님의 말씀을 상황에 따라 필요에 따라 바르게 적용하며 제 영혼을 도왔습니다. 제게는 그분들이 하나님의 말씀과 아주 가까운 듯 보였습니다. 그분들의 말씀에 힘이 있었던 것은 모두 하나님의 말씀 때문이었으며, 그 말씀에 일치한 그분들의 신앙과 인격 때문이었습니다.

물론 말씀 암송이 단지 적절한 인용만을 위해 하는 것은 아닙니다. 말씀 암송은 그 자체만으로도 많은 의미와 유익이 있습니다. 다만 제가 주로 경험한 부분, 그리고 관계 속에서 말씀 암송이 서로 상대방에게 유익을 주는 부분은, 많은 경우 암송한 말씀을 바르고 적절하게 상대에게 떠올려 주고, 그 말씀을 따르게끔 돕는 것일 겁니다.

이후 저도 선배의 위치가 되고, 먼저는 부모님께, 그리고 목회자분들과 선배들을 통해 배우고 익힌 말씀들로 후배들을 이끌고 섬기게 되었습니다. 후배들과 신앙에 대해 함께 고민하며 서로 생각을 나누고 성경을 같이 공부하고, 책을 함께 읽었던 그때 암송한 말씀들은 저 자신에게는 물론이요, 여러 문제로 고민하거나 도움을 필요로 하는 친구들에게 큰 도움이 됐습니다.

말씀 암송

앞서 말씀 묵상에서 보신 표에는 매주 암송할 한두 구절이 적혀 있습니다. 예시를 위해 책을 몇 권 참고하여 임의로 뽑은 것이어서 아주 큰 의미가 있는 것은 아니지만, 대체로 의미가 있고, 중요한 내용이 있는 절입니다. 이보다는 목사님께 선정해 달라고 하는 방법이, 또는 사전에 미리 선별한 후 목사님께 검토를 받는 방법이 가장 좋은 것 같습니다.

　말씀 묵상, 말씀 읽기, 말씀 암송이 모두 담긴 계획표를 만들어 사용하면 더 책임감도 생기고 좀 더 기억하게 돼서 좋습니다. 이제 표에 따라 일주일에 한두 구절씩 외우는 것을 목표로 합니다. 매일이 아니라 일주일에 한두 구절이기 때문에 크게 부담이 안 되고 누구나 할 수 있습니다.

구체적인 방법

아침에 일어나자마자 암송합니다. 이때 억지로 외워야겠다는 생각으로 하지 않고 두세 번 반복해서 입으로 소리 내며 읽습니다. 10분 후에 한두 번 소리 내어 읽습니다. 그리고 나서 40-60분 후에 (또는 출근이나 등교할 때) 또 한 번 소리 내어 읽습니다. 점심시간에 시간을 내어 두세 번 또 소리 내어 읽되, 이때부터는 가급적 외워 보려고 노력합니다. 오후 3-4시쯤에 한두 번, 저녁 시간에 (또는 퇴근이나 하교할 때) 서너 번, 마지막으로 잠자리에 들기 전에 한두 번 합니다. 보통 한 번 말하거나 암송하는 데 10-15초 정도 걸립니다. 의식만 하면

30-60초의 시간들을 잘 이용해서 따로 시간을 할애하지 않아도 충분히 암송이 가능합니다.

특히 출퇴근 시간에 그 주의 말씀 묵상 본문을 반복해서 읽거나 듣고, 말씀 암송도 한다면 시간을 낭비하지 않을 것입니다. 하루에 암송할 수 있는 시간이 두세 번이라고 해도 매일 이렇게 하면 일주일에 말씀 한 절은 큰 노력을 들이지 않아도 외울 수 있습니다. 이렇게 하면 시간이 꽤 지난 후에 기억이 흐려졌다 해도 이런 말씀은 성경 어느 부분쯤에 있겠다 하는 정도는 기억할 수 있습니다.

말씀 묵상 방법과 함께 가면 기계적인 암송을 피할 수 있습니다

물론 말씀 암송의 목적은 암송 그 자체에 있지 않습니다. 무조건 기계적으로 암송하는 것은 별 의미가 없을 것입니다. 물론 암송하고 나서 후에 설교나 책 등을 통해 암송한 말씀에 대한 이해가 자연스럽게 더해지는 것도 나쁘지 않습니다. 그러나 일반적으로 우리는 암송과 동시에 그 암송한 말씀을 우리가 아는 이해의 정확성과 범위 내에서 사용합니다. 문제는 이 경우, 우리 자신에게든 다른 사람에게든 잘못 사용하는 경우가 많다는 것입니다.

암송할 때 그 말씀의 의미를 어느 정도 공부를 하며 암송하는 것은 물론 더 나은 방법입니다. 그러나 많은 말씀 암송 관련 책들이, 또 암송 훈련들이 말씀이 가리키는 의미를 충분히 설명하지 않고, 그래서 충분한 이해 없이 진도를 나가게 합니다. 물론 이런 관련 책들이나 훈련이 전부 그렇다는 것은 아닙니다.

이 책에서 말씀드린 방법은 일주일 동안 묵상하고 공부하는 본문 내에서 암송하게 하므로 암송하는 구절에 대한 바르고 풍성한 이해가 암송과 함께 갑니다. 그리고 그런 이해가 암송을 더욱 자연스럽고 쉽게 합니다. 그리고 일주일 동안 암송을 위해 따로 시간을 떼어 암송하는 것이 아니라 잃어버리거나 낭비하는 시간을 살려 자연스럽게 반복하여 외우게 하기에 좋습니다.

의미 단위로 암송하기

너희 안에서 착한 일을 시작하신 이가 그리스도 예수의 날까지 이루실 줄을 우리는 확신하노라(빌 1:6).

바울은 빌립보 교인들을 기뻐하며 이 축복의 말을 하고 있습니다. 그런데 이 말은 단지 즉흥적인 감정의 표현이 아닙니다. 너무나 개인적인 감사의 인사라고 생각할 수 있는 이 구절에는 사실 하나님의 구속 사역, 특히 하나님께서 구원하신 자를 끝까지 지켜 주시고 돌보시며 거룩하게 하신다는 성도의 견인 교리가 담겨 있습니다.

이 지면은 주해하거나 강해하는 곳이 아니므로 또 제가 할 수 있는 것도 아니므로 간단히 살펴보겠습니다.

바울이 이렇게 말할 수 있는 것은 하나님께서는 구속자인 예수 그리스도를 통해 구원하신 사람들을 반드시 지켜 주시고 돌보시고 거룩하게 하신다는 믿음과 확신이 있기 때문입니다. 이건 단지 그렇게 간절히 믿는다, 믿고 싶다는 소망의 차원이 아니라 진리에 대한 믿음입니다. 바울이 이렇게 말한 것은 이런 말이 빌립보 교인들에게 위로와 격려와 기쁨이 되리라고 확신했기 때문입니다. 또 빌립보 교인들의 하나님의 교회와 바울에 대한 사랑과 헌신이 예수 그리스도로 말미암은 것이기 때문입니다. 배경을 살펴보시면 더욱 감동적이고 아름다운 이야기들을 알게 되실 것입니다! 하나님의 교회와 바울 자신에 대한 빌립보 교인들의 사랑과 봉사를 시작하게 하신 분은 하나님입니다. 하나님에 대한 사랑과 믿음이 바로 빌립보 교인들의 사랑과 헌신을 이끌어 낸 것입니다. 하나님의 이런 모든 일하심은 다른 누구도 아닌 바로 빌립보 교인들에게 일어난 것입니다.

이런 식으로 문맥 내에서 암송할 구절에 대한 의미를 파악하고 나면 암송이 훨씬 쉽습니다. 감동도 훨씬 많아집니다.

조금은 다르게 할 수도 있겠습니다. 문장을 다음과 같이 분석해 보는 것입니다.

1) 먼저 주어와 서술어 위주로 봅니다.
"너희 안에서" "시작하신 이가" "이루실 줄을" "확신하노라."

2) 이제 질문합니다.
- 무엇을 시작하셨는가? "착한 일을".
- 무엇을 확신하는가? 다른 사람이 아닌 바로 "너희"임을 확신하고, "시작하신 이"를 확신하고, "이루실 줄"을 확신

하고, "그리스도 예수의 날까지" 그러함을 확신.

- 누가 확신하는가? "바울과 디모데"(1장 1절)가. 더 나아가 그들로 대표되는 하나님의 교회가.

3) 자연스럽게 연결하면 됩니다.

"너희 안에서 / 착한 일을 / 시작하신 이가 / 그리스도 예수의 날까지 / 이루실 줄을 / 우리는 / 확신하노라."

4) 이 방법이 익숙해지면 좀 더 큰 의미 단위로 묶어서 암송할 수 있습니다.

"너희 안에서 / 착한 일을 시작하신 이가 / 그리스도 예수의 날까지 이루실 줄을 / 우리는 확신하노라."

교리문답 암송

역사적으로 수많은 카테키즘catechism("신앙교육서"가 가장 대표적이고 통합적인 번역일 것입니다. 그러나 "그 책의 사람들"은 특별한 경우를 제외하고는 "교리문답"이라고 번역합니다. 이는 대부분의 카테키즘이 문답형식으로 구성되어 있기 때문이고, 가장 권위 있으며 잘 알려진 『웨스트민스터 대교리문답』, 『웨스트민스터 소교리문답』과 『하이델베르크 교리문답』이 "교리문답" 또는 "요리문답"으로 번역, 사용되고 있기 때문입니다.)이 성도들을 양육하기 위해 만들어져 사용돼 왔습니다. 그중 『웨스트민스터 대교리문답』, 『웨스트민스터 소교리문답』과 『하이델베르크 교리문답』은 각각 장로교회와 개혁교회가 표준문서로 인정하며 사용해 왔습니다. 이 교리문답들은 우리가 믿는 것이 무엇인가에 대해 정리한 것입니다. 즉, 성경이 가르치는 것이 무엇인가에 대해 질문과 답 형식으로 체계적으로 정리한 것입니다. 따라서 이 교리문답을 잘 알고 있으면 성경을 이해하는 눈이 커지고 달라지게 됩니다.

교리문답들은 성경이 가리키는 바를 잘 정리한 것이기 때문에 당연히 가장 중요한 내용들로 구성되어 있습니다. 따라서 교리문답들을 암송하는 것도 우리 신앙에 아주 유익한 일입니다. 실제 역사 속에서 장로교회와 개혁교회는 이 교리문답들을 암송해 왔습니다. 이 교리문답들을 잘 배우고 암송하는 것의 중요성과 유익은 이루 말할 수 없습니다. 교회사를 살펴봐도 되고, 현재 그렇게 하고 있는 교회들을 봐도 알 수 있습니다.

교리문답 암송에 대한 이야기는 이 책의 주제와 밀접하기는 하지만 이 책에서 중점적으로 말하려고 하는 부분은 아니므로 지면 관계상 여기서 이야기를 마치려고 합니다. 대신 여러분께 교리문답을 잘 배우고, 또 암송하는 데 아주 유익하고 신선한 충격을 던져 줄 책을 기쁨으로 몇 권 소개해 드리고자 합니다.

『특강 소요리문답 (상)』황희상, 안산: 흑곰북스, 2011.

『특강 소요리문답 (하)』황희상, 안산: 흑곰북스, 2012.

『특강 하이델베르크 요리문답 (상)』이성호, 안산: 흑곰북스, 2013.

『특강 하이델베르크 요리문답 (하)』이성호, 안산: 흑곰북스, 2013.

『지금 시작하는 교리 교육』황희상, 서울: 지평서원, 2013.

『잃어버린 기독교의 보물 교리문답 교육』도널드 반 다이켄, 서울: 부흥과개혁사, 2012.

『왜 우리는 하이델베르크 교리문답을 사랑하는가』케빈 드영, 서울: 부흥과개혁사, 2012.

독자 여러분께서 탁월한 이 책들을 통해 진리에 대한 이해와 사랑이 깊어지시고, 또 교리 공부의 즐거움과 그 영광스럽고 복된 열매를 많이 누리시길 바랍니다. 이 외에도 제가 쓴 『독서 모임 "대답은 있다" 이야기』(그 책의 사람들)의 3부 "7장 성경과 교리를 더 넓고 깊게 공부하고 싶은 사람들을 위해" 부분을 참고하시면 도움을 받으실 수 있습니다.

1. 주야로 묵상한다는 말의 뜻은 무엇입니까?

2. 우리에게 가장 유익이 되는 묵상은 어떤 묵상입니까?

3. 말씀 묵상을 할 때 알아야 할 중요한 전제와 원리는 무엇입니까?

4. 지은이는 성경을 공부하는 데 일반 성도들에게 좋은 방법은 설교와 주석이라고 말합니다. 그 이유를 말해 봅시다.

5. 지은이는 이제 막 그리스도인이 된 사람들은 개인 묵상과 공부를 따로 하기보다는 무엇을 먼저 배워야 한다고 말합니까? 그 이유를 말해 봅시다.

6. "교회와 함께, 교회 안에서" 부분을 읽고 나눠 봅시다.

7. "예-빌립보서" 부분을 따라 함께 묵상을 해 본 후, 나눠 봅시다.

8. "성경 읽기(통독)의 방법과 실천" 부분을 읽고, 각자 혹은 모임별로 함께 실천해 본 후, 나눠 봅시다.

9. "말씀 암송의 방법과 실천" 부분을 읽고, 각자 혹은 모임별로 함께 실천해 본 후, 나눠 봅시다.

10. 『독서 모임 "대답은 있다" 이야기』 3부 "7장 성경과 교리를 더 넓고 깊게 공부하고 싶은 사람들을 위해" 부분을 읽고 나눠 봅시다.

<2장 방법과 실천>을 읽으면서 하나님께서 깨닫게 해 주신 것과 베풀어 주신 은혜를 생각하며 감사합시다. 또 깨달아 배우고 확신한 일에 거할 수 있게 해 달라고 기도합시다.

3장

방법·실천에 대해 함께 생각해 볼 거리들

시간 만들기

"시간이 없다."는 말은 고금제일의 핑계입니다. 물론 피치 못할 이유로 하루 이틀 정도는 못할 수도 있을 것입니다. 그러나 일주일에 하루 이틀도 하지 않는다는 것은 시간이 없어서가 아니라 마음이 없어서입니다.

물론 우리는 피곤한 삶을 살아가고 있습니다. 지하철로 출퇴근하는 길에 어떻게든 자리에 앉아 눈을 붙이고 싶은 게 우리네 마음입니다.

그러나 저는 바로 그 이유 때문에, 우리네 삶이 너무나 고단하고 힘들기 때문에 더욱 말씀을 묵상하고 읽고 암송하는 일에 마음을 두고 열심을 내야 한다고 생각합니다.

우리가 어떤 죄를 지어 감옥에 있다고 생각해 봅시다. 그 죄가 무거울수록 우리는 죄의 형벌로 마음이 무겁고 괴로울 것입니다. 그런 상황에서 하나님의 말씀이 우리에게 다가오면, 그 말씀이 우리에게 믿어지고, 이 현실을 어떻게 할 수는 없지만 영혼이 받아야 할 형벌을 제거해 줄 수 있고, 또 제거해 준다면, 우리는 현실이 비록 무겁고 괴롭지만, 육체 노동을 하고 와서 몸이 무척 고단해도 하나님의 말씀을 찾을 것입니다. 하나님의 말씀이 주는 힘과 위로로 육체적 고단함을 무릅쓰고, 무겁고 괴로운 현실을 이겨 낼 것입니다. 그것밖에 없기에 더욱 그러할 것입니다.

우리는 이 세상의 감옥과 형벌과는 비교할 수 없는 죄와 비참 가운데 있기 때문에 더욱 하나님의 말씀을 찾을 것입니다. 성경을 보십시오. 특히 시편 119편을 보십시오. 성경은 하나님을 사랑하는 자는 하나님의 말씀을 사랑한다고 말합니다. 간절하게 찾는다고 말합니다. 말씀이 없이는 아무것도 할 수 없다고, 오직 주님의 말씀으로만 살기를 원한다고 말합니다. 또 하나님의 말씀을 가벼이 여기거나, 순종하지 않는 자는 하나님을 대적하는 것으로 묘사합니다.

내가 주의 모든 계명에 주의할 때에는 부끄럽지 아니하리이다
(6절).

내가 주의 율례들을 지키오리니 나를 아주 버리지 마옵소서(8절).

내가 진심으로 주를 찾았사오니 주의 계명에서 떠나지 말게
하소서 내가 주께 범죄하지 아니하려 하여 주의 말씀을 내 마
음에 두었나이다(10-11절).

내가 주의 법도들을 작은 소리로 읊조리며 주의 길들에 주의하
며 주의 율례들을 즐거워하며 주의 말씀을 잊지 아니하리이다
(15-16절).

주의 규례들을 항상 사모함으로 내 마음이 상하나이다(20절).

교만하여 저주를 받으며 주의 계명들에서 떠나는 자들을 주께
서 꾸짖으셨나이다(21절).

주의 증거들은 나의 즐거움이요 나의 충고자니이다(24절).

나에게 주의 법도들의 길을 깨닫게 하여 주소서 그리하시면 내가 주의 기이한 일들을 작은 소리로 읊조리리이다(27절).

내가 주의 증거들에 매달렸사오니 여호와여 내가 수치를 당하지 말게 하소서 주께서 내 마음을 넓히시면 내가 주의 계명들의 길로 달려가리이다 여호와여 주의 율례들의 도를 내게 가르치소서 내가 끝까지 지키리이다 나로 하여금 깨닫게 하여 주소서 내가 주의 법을 준행하며 전심으로 지키리이다 나로 하여금 주의 계명들의 길로 행하게 하소서 내가 이를 즐거워함이니이다(31-35절).

진리의 말씀이 내 입에서 조금도 떠나지 말게 하소서 내가 주의 규례를 바랐음이니이다 내가 주의 율법을 항상 지키리이다 영원히 지키리이다(43-44절).

......

우리에게는 시간이 없는 게 아니라 마음이 없는 것입니다. 간절함이 없는 것입니다.

그리스도인은 하나님의 말씀을 사랑합니다. 그래서 주야로, 언제 어디서건 하나님의 말씀을 가까이 합니다.

화장실에 앉아서 스마트폰으로 이것저것 불필요한 일 하지 않고, 3-5분 정도의 그 귀한 시간을 한 단락의 말씀을 작은 소리로 읊조리거나 암송하는 데 쓴다면 우리의 삶은 분명히 달라질 것입니다. 전철 안에서도, 자동차로 출퇴근하는 길에서도 눈으로 보고, 또 귀로 (그 주의 묵상 본문과 암송할 구절을 녹음해서) 듣는다면 분명히 삶이 달라질 것입니다.

물론 때로는 우리의 큰 결단과 노력에도 상황이나 환경이 여의치 않아 하루를 정신없이 살 때가 있습니다. 하지만 항상 그렇지는 않을 것입니다.

하루에 단 한 번만이라도 좋습니다. 충분합니다. 하루에 단 한 번만 묵상 본문을 보고 암송할 구절을 단지 읽기만 해도 일주일에 일곱 번입니다!

하고자 하는 사람은 어떻게든 방법을 찾습니다. 좋아하는 취미를 하고자 할 때 우리 자신을 살펴보십시오. 마음이, 생각이 없기 때문에 방법을 찾으려 하지 않는 것입니다. 방법이 없는 것입니다. 결국 마음이 없는 사람들은 시간이 많아도 하지 않습니다.

그리스도인의 삶은 여유가 있어서, 할 만해서 하는 것이 아닙니다. 하나님을 사랑하기 때문에, 이것이 우리 영혼에 생명이기 때문에 하는 것입니다.

화장실 유리면에 암송 구절을 써 놓고 하루를 마무리하며 몸을 씻을 때 두세 번만이라도 소리 내어 말해 보십시오. 밥을 먹는 식탁 옆에 말씀 묵상 본문과 암송 구절을 적어서 놓고 온 가족이 함께 한목소리로 읽고 밥을 먹어 보십시오.

고단한 육체와 무거운 마음 그대로 무릎 꿇거나 엎드리고 암송 구절을 읽으며 기도해 보십시오. "내가 진심으로 주를 찾았사오니 주의 계명에서 떠나지 말게 하소서 내가 주께 범죄하지 아니하려 하여 주의 말씀을 내 마음에 두었나이다 내가 주의 법도들을 작은 소리로 읊조리며 주의 길들에 주의하며 주의 율례들을 즐거워하며 주의 말씀을 잊지 아니하리이다 주의 규례들을 항상 사모함으로 내 마음이 상하나이다 진리의 말씀이 내 입에서 조금도 떠나지 말게 하소서 내가 주의 규례를 바랐음이니이다 내가 주의 율법을 항상 지키리이다 영원히 지키리이다"(시 119편 중).

이 방법은 장기적으로 가장 쉽고 부담 없는 방법

이 방법은 이상적이거나 수준이 높다거나 생각보다 아주 많은 에너지를 쏟아야 하는 방법이 아닙니다. 이 책에서 소개하는 방법이 아닌 다른 방법으로 해 오신 분들에게는 그렇지 않겠지만, 이 방법으로 처음 하시려는 분들에게는 물론 어느 정도 부담이 될 수 있습니다. 그러나 그 부담은 단지 이렇게 해 오지 않았기 때문입니다.

이 방법이 익숙해지면, 좋은 습관이 되면, 그렇게 어느 정도 시간이 흐르고 나면, 이 방법이야말로 우리의 시간을 가장 아껴 주고, 일주일에 하나의 본문이므로 정말 큰 부담 없이, 일주일 내내 보므로 묵상을 하게 해 주는 좋은 방법입니다.

온 가족이 가장을 위해 시간 만들어 주기

특별히 가정 예배 또는 가정 경건회를 준비하고 섬기는 남편과 가장을 위해 가족 구성원들은 시간을 배려해 줘야 합니다. 믿음의 가정에서 가장 영광스럽고 복된 일은 모든 가족 구성원이 하나님의 말씀을 배우고, 하나님을 찬양하는 것입니다. 하나님께서 가정을 세우신 것도, 가정 안에 질서를 만드신 것도 다 그 때문입니다.

따라서 가장은 하나님의 말씀을 묵상하고 읽고 암송하는 일을 가벼이 여기지 말아야 합니다. 이 세상 어떤 직무보다 영광스럽고 무거운 것으로 여기고 가정의 영적 생명과 행복을 위해 목숨을 다해 하나님의 말씀을 공부하고 기도하며 가정을 섬겨야 합니다.

아내와 자녀들도 가장이 이 영광스럽고 막중한 임무를 잘 감당할 수 있게끔 물질적인, 시간적인 배려와 섬김을 제공해야 합니다. 가장이 하나님의 말씀을 더 깊이, 더 탁월하게 공부하기 위해 좋은 책들을 볼 수 있게끔 합의하에 가계 지출에서 일정액을 예산에 넣게 해야 합니다. 또 말씀을 묵상하고 기도할 수 있게, 또 필요하다면 말씀을 더 깊이 배울 수 있는 모임에 참여할 수 있게 시간적 배려도 반드시 해야 합니다.

이때 가장은 아내와 자녀들이 자신에게 마땅한 것을 당연히 준 것이 아니라 아내와 자녀들의 귀한 섬김과 헌신으로 자신이 공부할 수 있고, 기도할 수 있음을 크게 감사해야 합니다. 또 아내와 자녀들은 가장의 이런 헌신과 수고가 가장으로 대표되는 가정이 하나님 앞에 바로 서기 위한 것임을 기억하고 아내와 자녀들의 배려와 수고가 당연하다는 생각을 갖고 있어야 합니다. 서로 상대방의 헌신과 사랑과 수고를 마땅하다고 생각하는 것이 아니라 자기 자신의 역할이 마땅한 것이고, 상대방의 헌신과 사랑과 수고를 귀히 여기고 감사한다면 가정에는 사랑이 더욱 많아질 것입니다. 이 부분에 대해서는 제가 쓴 『가정 예배』(그 책의 사람들) "4장 가정 예배와 가정 그리고 교회"를 참고하시면 도움을 받으실 수 있습니다.

설교 잘 듣기 위한 준비와 태도

앞서 말씀드렸듯이 말씀 묵상을 잘 배우는 아주 좋은 방법은 좋은 설교를 잘 듣는 것입니다. 따라서 설교를 잘 듣기 위한 준비와 태도에 대해 잠깐 나누고 싶습니다.

강해설교 등 주일 설교 본문을 예상할 수 있는 상황을 전제로 말씀드리겠습니다.

최소한 토요일 저녁부터는 주일을 준비합니다. 지난주 설교를 정리한 것이 있다면 한 번 읽어 보고, 없다면 기억해 봅니다. 그리고 다음날 본문을 읽어 보면서 기도합니다. 텔레비전 시청이나 취미생활로 밤늦게까지 시간을 보내지 말고 일찍 잠자리에 듭니다. 주일 아침에는 일찍 일어나서 온 가족이 함께 가정 예배를 드리거나 평상시보다 좀 더 깊은 개인 경건생활을 합니다.

설교는 설교의 직무를 감당하는 설교자가 자신의 이야기를 하는 것이 아니라 하나님의 말씀을 선포하는 것입니다. 따라서 설교를 들을 때는 우리가 지금 하나님 앞에 서 있다는 생각을 가져야 합니다. 설교자는 우리와 같은 인간이지만, 설교자를 통해 선포되는 것은 하나님의 말씀이기 때문입니다.

따라서 다른 유명 인사가 강의하거나 강연할 때처럼 생각해서는 안 되겠습니다. 팔짱을 낀다거나 다리를 꼰다거나 하는 자세, 그리고 커피 등의 음료를 먹는 것도 그 사람의 겸손한 마음과는 관계없을지 몰라도 믿음이 연약한 사람들을 배려하는 차원에서라도 지양해야겠습니다. 우리 자신만이 아니라 다른 모든 사람이 최상의 상태로, 최대한 집중해서 하나님의 말씀을 잘 들을 수 있게끔 하는 것이 주의 몸 된 교회 안에 있는 모든 구성원이 가져야 할 바른 태도일 것입니다.

좋은 설교는 자연스럽게 "왜?" "어떻게?"와 같은 질문을 하게 하지만, 그럼에도 더 집중하고 노력해서 우리 자신이 끊임없이 질문하며 설교를 들으면 좋습니다. 이 부분에 대해서는

『가정 예배』 "6장 가정 예배를 위한 준비"를 참고하시면 도움을 받으실 수 있습니다.

암송에 대한 부담

"반드시 토씨 하나 틀리지 않고 외워야 하나요?" 가급적 그러면 더욱 좋을 것입니다. 암송의 목적은 정확하게 외웠나를 알아보기 위한 시험이 아닙니다. 교회와 우리 자신의 영적 진보를 위해, 또 이 믿음의 도를 잘 알지 못하는 사람들에게 변증하기 위함이 암송의 목적입니다. 따라서 의미를 정확하게 이해하고 기억한다면 암송 구절을 아주 정확하게 기억하지 못한다 할지라도 괜찮습니다.

물론 정확하게 암송하는 것이 가장 좋습니다. 우리가 암송 구절에 대한 의미를 정확하게 배웠다 해도 시간이 지나면 흐려질 수 있는데, 이 경우 우리가 암송한 문장에서 어떤 한 단어의 조사를 조금 다르게 기억한다거나 하면 의미가 완전히 달라지거나 흐려지기 쉽기 때문입니다. 그러나 이 책에서 이야기하는 것처럼 신앙고백과 교리문답으로 기초를 탄탄히 한 상태에서 말씀 묵상을 꾸준히 계속해 나간다면, 교리적으로 잘못되게 기억하거나 적용하는 일은 없을 것입니다.

목표와 기준은 정하되 지나치게 완벽하게 하지 않기

우리는 설교문을 작성해야 하는 것도 아니고, 다른 사람에게 검사를 받으며 어떤 일정한 성적 이상을 거둬야 하는 것도 아닙니다.

목표와 기준을 잡아야 우리가 나아가기 때문에 각자 적정한 목표와 기준을 잡되, 의욕이 너무 앞서서 조금 하다가 금세 의기소침해진다거나 너무 낮게 잡아 아무런 긴장감도, 아무런 성취욕도 없으면 안 되겠습니다.

이 책은 반드시 이렇게 해야 한다고 강압하거나 여러분을 옥죄려고 의도된 책이 아닙니다. 오히려 말씀을 사모하고, 말씀에 굶주리신 독자 여러분을 실제적으로, 장기적으로 도움 드리기 위한 책입니다. 각자 환경과 상황과 위치에 맞게 방법을 수정하고 보완해서 하시면 됩니다. 지금 할 수 있는 것을 하시면 됩니다.

말씀 묵상을 위한 추천 도서

『구속사적 설교의 실제』고재수, 서울: 기독교문서선교회, 1987.

『벌코프 성경 해석학』루이스 벌코프, 고양: 크리스챤다이제스트, 2008.

『복음과 하나님의 나라』그레엄 골즈워디, 서울: 성서유니온선교회, 1988.

『복음과 하나님의 지혜』그레엄 골즈워디, 서울: 성서유니온선교회, 1989.

『복음과 요한계시록』그레엄 골즈워디, 서울: 성서유니온선교회, 1991.

『복음과 하나님의 계획』그레엄 골즈워디, 서울: 성서유니온선교회, 1994.

『성경 해석과 성경적 설교』(합본) 시드니 그레이다누스, 서울: 여수룬, 2012.

『성경 해석의 오류』D. A. 카슨, 서울: 성서유니온선교회, 2002.

『성경 해석의 원리』노튼 스테렛, 서울: 성서유니온선교회,

1978.

『성경, 어떻게 읽을 것인가』 김구원, 서울: 복 있는 사람,
2013.

『성경신학적 설교 어떻게 할 것인가』 그레엄 골즈워디, 서울:
성서유니온선교회, 2002.

『성경연구입문』 존 스토트, 서울: 성서유니온선교회, 1978.

위 책들은 제가 신뢰하는 목사님들과 선배님들이 추천해
주신 책들 중에서 제가 읽어 보고 실제 도움을 많이 받은 책들
중 일부입니다. 이 목록에 없는 다른 좋은 책들도 많이 있으
니 여러분의 목사님, 선배님들과 이야기하시고 또 이미 알고
계신 좋은 책들 중 선택하셔서 일단은 한두 권 정도 읽어 보시
면 큰 도움을 받으실 겁니다.

앞서 말씀드렸던 것처럼 좋은 설교집과 주석서를 보는 것
도 큰 도움이 됩니다. 여기서는 저와 같은 일반 성도분들에게
적합한 주석서들의 목록을 역시 간략히 말씀드리겠습니다.

「칼빈 주석」(크리스챤다이제스트, 규장, 성서원 역간)과 「매튜
헨리 주석」(크리스챤다이제스트 역간)은 역사적으로 가장 많은
사랑을 받아 왔으며, 오늘날에도 여전히 사랑을 많이 받고,

유익을 많이 주고 있습니다. 성경을 정확하게 해석하고, 독자들의 경건을 장려하는 데 감히 타의 추종을 불허한다고 생각합니다.

「박윤선 성경주석」(영음사)도 이에 못지 않게 학문과 경건이 탁월하게 드러나는 주석서입니다.

『톰슨Ⅱ 성경주석』(기독지혜사 역간)은 단권 주석이지만 해설의 깊이와 풍부함이 뛰어난 책입니다.

일단『ESV스터디 바이블』(부흥과개혁사 역간)이나『톰슨Ⅱ 성경주석』은 기본으로 구입하셔서 보시고, 앞의 시리즈로 된 주석서들은 말씀 묵상 본문에 맞춰 필요에 따라 구입하면서 함께 보시면 참 좋습니다.

다른 좋은 설교집들도 많이 있지만, 다음의 탁월한 설교집들을 우선적으로 추천해 드립니다.

칼빈 목사님의 강해서들은(서로사랑, 지평서원 등 역간) 그 내용의 정확성과 풍부함, 적용의 탁월함에서 단연 독보적인 위치에 있습니다. 오늘날과는 달리 수많은 박해와 위험 속에서, 성경이 말하는 그리스도인의 참된 믿음과 삶에 대해 말하는 칼빈 목사님의 성경 강해서들은 우리의 눈과 마음을 하나님께 두게 하고 그리스도인의 영광스럽고 복된 삶을 소망하고,

또 살아가게 합니다.

김홍전 목사님의 책들은(성약) 모두 소장해서 읽어 보시길 바랍니다. 군더더기 없이 오직 말씀 자체만을 강설하는 목사님의 책들은 지적이면서도 언제나 우리의 마음을 뜨겁게 합니다.

마틴 로이드존스David Martyn Lloyd-Jones 목사님의 설교집들도(기독교문서선교회, 복 있는 사람 등 역간) 모두 소장하여 읽을 만한 가치가 있습니다. 로이드존스 목사님의 「로마서 강해」 시리즈와 「에베소서 강해」 시리즈는 아주 잘 알려져 있습니다. 로이드존스 목사님의 설교들은 우리를 언제나 복음 앞으로 데려가 그리스도를 바라보게 합니다. 『산상설교집 (상/하)』(정경사 역간)은 그중에서도 백미입니다.

조나단 에드워즈Jonathan Edwards 목사님의 『구속사』(부흥과개혁사 역간)와 『대표설교선집』(부흥과개혁사 역간), 제임스 몽고메리 보이스 목사님의 『로마서 강해』(솔라피데 역간)와 『산상수훈 강해』(크리스챤다이제스트 역간)도 꼭 읽어 보시길 권합니다.

청교도들의 책들은 많은 경우 설교문들입니다. 깊이가 있고 내용이 풍요롭습니다.

물론 큰 결단하시고 한 번에 구입하시는 것도 좋습니다. 저는 「매튜 헨리 주석」 시리즈 21권을 아내에게 결혼 선물로 받았습니다. 언제든지 필요한 본문에 대한 해설을 찾아보고 도움을 받을 수 있어서 좋습니다. 휴대폰을 포함한 스마트 기기 값에, 취미생활에 수십, 수백만 원을 우리는 투자하지 않습니까? 그렇다면 성경을 더욱 잘 알게 해 줄 뿐만 아니라 우리의 영혼을 더욱 살찌우게 해 주는 좋은 강해설교집, 주석서들을 구비하는 데는 더욱 아낌없이 투자하시면 좋겠습니다!

큐티와 차이점

시중에 있는 대부분의 큐티Q.T. 교재는 주로 귀납적 성경 공부로 하게 되어 있습니다. 귀납적 성경 공부법은 주로 "관찰-해석-적용"으로 구성되는데, 잘만 활용하면 좋은 성경 공부법입니다. 문제는 시중에 있는 대부분의 교재가 귀납적 성경 공부"만" 하게 되어 있다는 것입니다. 해당 본문을 전후 본문과 권(66권 중)과 성경 전체와 연결시키는 일이 드뭅니다. 또 기초 교리가 없는 사람은 관찰자 입장에서 본문의 이야기를 정리하기 때문에 본문에 담겨 있는 중요한 교리를 지나친다거나, 본문이 가리키는 핵심에서 벗어나기가 쉽습니다. 교회에서 교리 교육을 철저히 하고, 좋은 설교를 통해 성경을 어떻게 이해하고 적용할지를 지속적으로 배우는 사람이라면 몰라도 그렇지 않은 사람들에게는 성경이 교회의 성경이 아니라 자기만의 성경이 되기 쉽고, 즉 말씀 해석에 대한 권위가 개인에게 있고, 성경의 메시지를 왜곡하기가 쉽습니다. 본문의 의미를 깨닫고 이해하기보다는 개인의 적용 자체에 더 관심을 갖게 하고, 실천하게 합니다.

가장 큰 문제는 바른 설교와 좋은 성경 공부 책들을 통해 바른 성경 해석을 배우고, 교리 교육이 제대로 되어 있지 않은 상태에서 귀납법적 성경 공부만을 계속하게 되면 하나님 중심적 신앙이 아닌 자기 중심적 신앙을 갖게 된다는 것입니다. 하나님의 은혜를 구하는 것이 아니라, 우리가 결단하면 되는 것입니다. 말씀 해석의 권위가 개인에게 있기에 바르게 해석하지 못할 뿐만 아니라 교회의 질서도 어지럽게 됩니다. 하나님께서 내게 이렇게 말씀하셨는데 무슨 상관이냐가 되는 것입니다.

워낙 다양한 의미로 사용되고, 다양한 형태가 있어서 일반적으로 말하기에 어려움이 있습니다만 저는 큐티 자체가 나쁘다고 생각하지는 않습니다. 다만 시중에 있는 대부분의 큐티 교재가 심각한 약점을 갖고 있다고 말씀드린 것입니다.

저는 시중에 있는 큐티 교재를 사용하시는 분들이 먼저 교회에서 교리 교육을 충분히 받으시면 좋겠습니다. 또 신앙생활하시는 교회에서 바르고 좋은 설교를 잘 듣고 성경 해석을 잘 배우시면 좋겠습니다. 모든 성경, 모든 본문에서 그리스도가 나타나는 것, 구속사적·하나님 중심적 관점 등을 충분히 배우신 뒤에 또는 배우시면서 말씀 묵상을 하시는 것이 좋다고 생각합니다.

제가 알기로 적지 않은 교회에서 성도들을 위해 주일 설교와 연계하고, 교리적으로 탄탄하게 큐티 교재를 자체적으로 만들어서 사용하고 있습니다. 무척 수고로운 일이지만 아주 바람직한 일이라고 생각합니다. 성도들로 하여금 말씀을 정확하게 알게 하고, 사랑하게 하고, 순종하게 하는 것이 교회의 가장 기본적인 의무기 때문입니다.

우리는 회심해야 합니다

이야기를 마치기 전에 마지막으로 드리고 싶은 말씀이 있습니다. 다음 말씀들을 보십시오.

이 백성은 내가 나를 위하여 지었나니 나를 찬송하게 하려 함이니라(사 43:21).

이는 사람의 마음의 계획하는 바가 어려서부터 악함이라(창 8:21).

전에는 우리도 다 그 가운데서 우리 육체의 욕심을 따라 지내며 육체와 마음의 원하는 것을 하여 다른 이들과 같이 본질상 진노의 자녀이었더니(엡 2:3).

다른 이로써는 구원을 받을 수 없나니 천하 사람 중에 구원을 받을 만한 다른 이름을 우리에게 주신 일이 없음이라 하였더라 (행 4:12).

그런즉 원하는 자로 말미암음도 아니요 달음박질하는 자로 말미암음도 아니요 오직 긍휼히 여기시는 하나님으로 말미암음이니라(롬 9:16).

주께서 사랑하시는 형제들아 우리가 항상 너희에 관하여 마땅히 하나님께 감사할 것은 하나님이 처음부터 너희를 택하사 성령의 거룩하게 하심과 진리를 믿음으로 구원을 받게 하심이니(살후 2:13).

예수께서 대답하시되 진실로 진실로 네게 이르노니 사람이 물과 성령으로 나지 아니하면 하나님의 나라에 들어갈 수 없느니라(요 3:5).

너희가 악할지라도 좋은 것을 자식에게 줄 줄 알거든 하물며 너희 하늘 아버지께서 구하는 자에게 성령을 주시지 않겠느냐 하시니라(눅 11:13).

보혜사 곧 아버지께서 내 이름으로 보내실 성령 그가 너희에게 모든 것을 가르치고 내가 너희에게 말한 모든 것을 생각나게 하리라(요 14:26).

우리가 사랑함은 그가 먼저 우리를 사랑하셨음이라(요일 4:19).

또 너희는 많은 환난 가운데서 성령의 기쁨으로 말씀을 받아 우리와 주를 본받은 자가 되었으니(살전 1:6).

그들이 배들을 육지에 대고 모든 것을 버려 두고 예수를 따르 니라(눅 5:11).

주는 그리스도시요 살아 계신 하나님의 아들이시니이다(마 16:16).

그가 모든 사람을 대신하여 죽으심은 살아 있는 자들로 하여 금 다시는 그들 자신을 위하여 살지 않고 오직 그들을 대신하 여 죽었다가 다시 살아나신 이를 위하여 살게 하려 함이라(고 후 5:15).

자녀이면 또한 상속자 곧 하나님의 상속자요 그리스도와 함 께 한 상속자니 우리가 그와 함께 영광을 받기 위하여 고난도 함께 받아야 할 것이니라(롬 8:17).

주신 이도 여호와시요 거두신 이도 여호와시오니 여호와의 이 름이 찬송을 받으실지니이다(욥 1:21).

그런데 내가 앞으로 가도 그가 아니 계시고 뒤로 가도 보이지
아니하며 그가 왼편에서 일하시나 내가 만날 수 없고 그가 오
른편으로 돌이키시나 뵈올 수 없구나 나의 가는 길을 오직 그
가 아시나니 그가 나를 단련하신 후에는 내가 정금같이 나오
리라……내 발이 그의 걸음을 바로 따랐으며 내가 그의 길을
지켜 치우치지 아니하였고 내가 그의 입술의 명령을 어기지 아
니하고 일정한 음식보다 그 입의 말씀을 귀히 여겼구나 그는
뜻이 일정하시니 누가 능히 돌이킬까 그 마음에 하고자 하시는
것이면 그것을 행하시나니 그런즉 내게 작정하신 것을 이루실
것이라 이런 일이 그에게 많이 있느니라(욥 23:8-10, 13-14).

이와 같이 행함이 없는 믿음은 그 자체가 죽은 것이라 어떤 사
람은 말하기를 너는 믿음이 있고 나는 행함이 있으니 행함이 없
는 네 믿음을 내게 보이라 나는 행함으로 내 믿음을 네게 보이
리라 하리라 네가 하나님은 한 분이신 줄을 믿느냐 잘하는도
다 귀신들도 믿고 떠느니라 아아 허탄한 사람아 행함이 없는
믿음이 헛것인 줄을 알고자 하느냐 우리 조상 아브라함이 그
아들 이삭을 제단에 바칠 때에 행함으로 의롭다 하심을 받은 것
이 아니냐 네가 보거니와 믿음이 그의 행함과 함께 일하고 행함

으로 믿음이 온전하게 되었느니라 이에 성경에 이른 바 아브라
함이 하나님을 믿으니 이것을 의로 여기셨다는 말씀이 이루어졌
고 그는 하나님의 벗이라 칭함을 받았나니 이로 보건대 사람이
행함으로 의롭다 하심을 받고 믿음으로만은 아니니라 또 이와
같이 기생 라합이 사자들을 접대하여 다른 길로 나가게 할 때에
행함으로 의롭다 하심을 받은 것이 아니냐 영혼 없는 몸이 죽은
것같이 행함이 없는 믿음은 죽은 것이니라(약 2:17-26).

그러나 이제 그들의 죄를 사하시옵소서 그렇지 아니하시오면
원하건대 주께서 기록하신 책에서 내 이름을 지워 버려 주옵소
서(출 32:32).

충성된 사자는 그를 보낸 이에게 마치 추수하는 날에 얼음 냉수
같아서 능히 그 주인의 마음을 시원하게 하느니라(잠 25:13).

죽임을 당하신 어린양은 능력과 부와 지혜와 힘과 존귀와 영
광과 찬송을 받으시기에 합당하도다(계 5:12).

우리가 이런 말씀을 읽고 묵상하면서 여전히 "아멘."하지

않는다면, 신앙고백하지 못한다면, 우리 입술의 고백이 어떠하든지 이런 말씀을 읽고 묵상하는 것이 우리 삶과 아무런 관계도 없다면, 아무런 비참함도 모르고, 아무런 회개도 없고, 아무런 깨달음과 감동과 뜨거움과 믿음도 없다면, 무엇보다 그리스도에게 달려가지 않는다면! 성경을 읽거나 묵상하는 것은 아무런 의미도 없습니다.

성경은 우리에게 무엇인가요? 우리는 왜 성경을 읽어야 한다고 말하며, 읽어야 할 부담을 안고 살아갈까요? 아니, 정말 부담인가요?

우리는 하나님의 말씀을 사랑하지는 않지만 그래도 그리스도인이라고 말하는 시대에 살고 있습니다. 우리는 하나님의 말씀에 순종하지 않아도, 하나님의 말씀을 최고의 권위로, 우리의 영혼만이 아니라 우리의 삶에서도 유일한 규범으로 인정하지 않아도 입술로 고백만 하면, 그렇게 믿고 싶다는 말만 하면 그리스도인이라고 말하는 시대에 살고 있습니다. 그러나 성경은 그렇게 말하지 않습니다!

회심하지 않은 사람이 하나님의 말씀을 사랑할 수 없습니다. 성경을 하나님의 말씀으로 시인하고, 하나님의 말씀대로 사는 삶이 유일하게 참되고 행복 그 자체임을 안다고 말하지만 주야로 묵상하지 않는다면 우리는 아주 심각하게 질문해야 합니다. 하나님의 말씀대로 사는 삶이 참되고 행복 그 자체가 아닌 것인지, 아니면 우리가 그리스도인이 아닌 것인지 하고 말입니다.

하나님의 말씀에 순종하고자 하는 마음이 없다면, 하나님의 말씀이 대체로 무거운 짐과 고지식한 옛 시대의 관점으로 보인다면, 우리는 하나님과 관계가 없는 사람입니다. 회심한 사람은 하나님의 길과 법을 즐거워하기 때문입니다. 그리스도의 멍에를 메고 그리스도께 배우는 것이 기쁘기 때문입니다.

회심하지 않은 사람에게는 말씀을 읽는 것이 단순히 훈련이나 노력일 뿐이지만, 회심한 사람에게는 고단한 영혼과 육체가 쉼을 얻는, 세상을 이길 힘을 배우며, 하나님의 은혜로 새롭게 되는 안식이 됩니다.

우리가 이 책 처음부터, 그리고 계속해서 전제하며 함께 이야기해 왔듯이 오직 중생만이, 회심만이 하나님의 말씀을 믿고, 하나님의 말씀을 사랑하게 하며, 하나님의 말씀을 기뻐하여 순종하게 합니다.

주야로 묵상하는도다(시 1:2).

우리 안에 하나님의 말씀에 대한 사랑이 없다면, 말씀에 대한 간절함이 없다면 먼저 거듭나게 해 달라고 기도합시다. 회심을 위해 기도합시다. 우리의 굳은 마음을 부드럽게 해 달라고 간구합시다. 하나님을 믿게 해 달라고, 하나님의 말씀을 사랑하게 해 달라고 먼저 기도합시다.

주의 말씀이 심히 순수하므로 주의 종이 이를 사랑하나이다
주의 모든 계명들이 의로우므로 내 혀가 주의 말씀을 노래하리이다
여호와여 주의 말씀대로 주의 인자하심과 주의 구원을 내게 임하게 하소서
주의 말씀을 조용히 읊조리려고 내가 새벽녘에 눈을 떴나이다
주의 말씀을 열면 빛이 비치어 우둔한 사람들을 깨닫게 하나이다
주의 말씀의 맛이 내게 어찌 그리 단지요 내 입에 꿀보다 더 다니이다
이 말씀은 나의 고난 중의 위로라 주의 말씀이 나를 살리셨기 때문이니이다
내가 전심으로 주께 간구하였사오니 주의 말씀대로 내게 은혜를 베푸소서

나의 발걸음을 주의 말씀에 굳게 세우시고 어떤 죄악도 나를

주관하지 못하게 하소서(시 119편 중).

이 고백들이 우리의 고백이 되게 해 달라고 기도합시다. 그리고 하나님의 말씀으로 달려갑시다. 이른 새벽부터, 밤늦게까지 항상 하나님의 말씀이 우리 모든 생각과 마음과 삶의 시작과 끝, 그리고 전부가 되게 합시다. 우리의 입술에서 항상 주의 말씀이 흘러나오게 합시다.

그렇게 되게 해 달라고 은혜를 구합시다.

더 깊은 공부와 나눔을 위한 질문

1. 지은이는 우리가 왜 더욱 말씀을 묵상하고 읽고 암송하는 일에 마음을 두고 열심을 내야 한다고 말합니까?

2. 시편 119편을 읽어 봅시다. 소리 내어 읽으면 더욱 좋습니다.

3. "우리에게는 시간이 없는 게 아니라 마음이 없는 것입니다. 간절함이 없는 것입니다." 하고 말하는 지은이의 글을 읽고 각자 마음을 돌아보고 나눠 봅시다.

4. 『가정 예배』 "4장 가정 예배와 가정 그리고 교회" 부분을 읽고 나눠 봅시다.

5. "설교 잘 듣기 위한 준비와 태도" 부분을 읽고 각자 자신을 되돌아보고, 나눠 봅시다.

6. 『가정 예배』 "6장 가정 예배를 위한 준비" 부분을 읽고 나눠 봅시다.

7. 암송의 목적은 무엇입니까?

8. "우리는 회심해야 합니다" 부분을 읽고 각자 자신을 돌아본 후, 나

   눠 봅시다.

<3장 방법, 실천에 대해 함께 생각해 볼거리들>을 읽으면서 하나님께서 깨닫
게 해 주신 것과 베풀어 주신 은혜를 생각하며 감사합시다. 또 깨달아 배우고
확신한 일에 거할 수 있게 해 달라고 기도합시다.

저희 부모님께서는 성경을 꾸준히 읽고 묵상하고 암송하는
데 자녀인 제게 늘 모범을 보여 오셨습니다. 두 분의 모범적
인 본과 제게 하셨던 권면들이 힘이 있었던 것은 두 분이 실
제로 말씀을 사랑하셨고, 하나님을 사랑하셨으며, 말씀을
꾸준히 읽으셨고, 말씀을 신뢰하고 의지하며 사셨기 때문입
니다. 두 분이 인생사에서 많은 역경과 고난을 감당해 오신
것도 하나님의 말씀 때문이었습니다. 저는 언제나 말씀이 두
분을 붙드는 것을 보아 왔습니다.

성경의 증거도, 제게 본이 되는 믿음을 증거해 주셨던 목회

자분들과 선배들도 동일했습니다.

주의 말씀은 내 발에 등이요 내 길에 빛이니이다(시 119:105).

여호와의 율법은 완전하여 영혼을 소성시키며 여호와의 증거
는 확실하여 우둔한 자를 지혜롭게 하며 여호와의 교훈은 정직
하여 마음을 기쁘게 하고 여호와의 계명은 순결하여 눈을 밝
게 하시도다 여호와를 경외하는 도는 정결하여 영원까지 이르
고 여호와의 법도 진실하여 다 의로우니 금 곧 많은 순금보다
더 사모할 것이며 꿀과 송이꿀보다 더 달도다(시 19:7-10).

주님의 말씀은 우리 발에 등이요 우리 길에 빛입니다.
주님의 말씀은 우리의 영혼을 소성시킵니다.
주님의 말씀은 진실하고 의롭습니다.
주님의 말씀은 우리의 생명입니다.
주님의 말씀은 그 말씀을 의지하는 자를 돕습니다. 결코
외면하지 아니합니다.
주님의 말씀은 참된 복과 평안과 행복을 줍니다.
주님의 말씀은 죄인에게 복음을 전하며, 죄인으로 하여금

예수 그리스도를 통해 하나님을 믿게 합니다.

주님의 말씀은 순금보다 가치가 있으며, 송이꿀보다 더 달콤합니다.

주님의 말씀은, 주님의 말씀은……완전하며, 능력 있으며, 영원하며, 무엇과도 비교할 수 없습니다.

이 책은 말씀 묵상(공부)과 읽기와 암송을 연계하여 실천하게끔 하는 책입니다. 말씀 묵상(공부) 따로, 읽기 따로, 암송 따로라고 생각하면 부담이 아주 클 것이고, 실제 신경 쓰거나 할 일도 많을 것입니다. 그러나 이 책에서처럼 말씀 묵상(공부)과 읽기와 암송을 같은 본문으로 함께 진행해 나가면 시간이 절약되고, 방법도 어렵지 않아 부담이 많이 없게 될 것입니다. 또 집중도도 높아지고, 자연스럽게 시너지 효과도 생기게 될 것입니다.

이 책은 방법론에 대한 책이고 실천서입니다. 언제나 해 보지 않은 사람, 하지 않는 사람에게는 무엇이든 이론입니다. 그러나 마음에 있는 사람, 하고자 하는 사람, 하고 있는 사람에게는 삶입니다.

이 책에서 소개하는 방법은 누구나 할 수 있고, 쉽게 할 수 있고, 분명히 가시적인 결과를 내게 합니다.

묵상하기만 하면, 말씀을 꾸준히 읽기만 하면, 누구나 진리를 깨닫게 되고, 은혜를 경험하게 될까요? 반드시 그렇지는 않습니다. 하나님께서 우리에게 은혜를 베푸셔야 하기 때문입니다. 은혜는 주권적입니다! 그러나 거의 항상 그렇다고 말할 수도 있습니다.

그가 그 피조물 중에 우리로 한 첫 열매가 되게 하시려고 자기의 뜻을 따라 진리의 말씀으로 우리를 낳으셨느니라(약 1:18).

너희가 거듭난 것은 썩어질 씨로 된 것이 아니요 썩지 아니할 씨로 된 것이니 살아 있고 항상 있는 하나님의 말씀으로 되었느니라(벧전 1:23).

하나님께서는 하나님을 알고, 믿게 하실 때 하나님의 말씀을 귀하게 여기고 사랑하게 하시기 때문입니다. 성령님께서 이것을 기뻐하시기 때문입니다. 이 방법과 수단을 사용하시기 때문입니다. 말씀 묵상(공부)을 하든, 읽기를 하든, 암송

을 하든 이것이 가장 중요합니다. 말씀을 깨닫게 하시는 분
도, 말씀이 우리 안에서 싹터 열매가 맺히게 하시는 분도 성
령님이십니다. 성령님께서 말씀을 통해 우리를 거룩하게 하십
니다. 말씀을 통해 우리에게 믿음을 주십니다. 그러니 성령님
을 의지하십시오. 말씀을 깨닫게 해 달라고, 믿게 해 달라고,
말씀에 순종하게 해 달라고 부르짖으십시오. 말씀을 사랑하
게 해 달라고 간절히 부르짖으십시오. 오직 성령님만이 우리
에게 이 일을 하십니다.

그리고 하나님의 말씀을 주야로 묵상하는 것은 바로 복 있
는 사람, 그리스도인의 표지입니다. 그리스도인은 언제나 어
디서나 하나님을, 말씀을 힘써 알고, 사랑합니다.

주야로 묵상하는도다

말씀 묵상·읽기·암송 입문서

펴 낸 날   2013년 12월 1일 초판 1쇄
2015년 2월 20일 초판 2쇄

지 은 이   한재술

펴 낸 이   한재술
펴 낸 곳   그 책의 사람들

편   집   서금옥
디 자 인   안소영

판   권   ⓒ 한재술, **그책의사람들** 2013, *Printed in Korea.*
저작권법에 의하여 한국 내에서 보호를 받는 저작물이므로 무단 전제와
복제를 금합니다.

주   소   경기도 수원시 권선구 여기산로 42, 101동 313호
전   화   0505-273-1710   **팩   스**   0505-299-1710
카   페   cafe.naver.com/thepeopleofthebook
메   일   tpotbook@naver.com   **페이스북**   www.facebook.com/tpotbook
등   록   2011년 7월 18일 (제251-2011-44호)
인   쇄   불꽃피앤피

책   값   5,000원
I S B N   979-11-85248-04-2 03230

이 도서의 국립중앙도서관 출판시도서목록(CIP)은
서지정보유통지원시스템 홈페이지(http://seoji.nl.go.kr)와
국가자료공동목록시스템(http://www.nl.go.kr/kolisnet)에서 이용하실 수 있습니다.
(CIP제어번호: CIP2013024522)